日本の伝統木造建築

その空間と構法

光井 渉

まえがき

　本書は、日本建築の形状や空間を「建築構法」の観点から読み解いたものである。
　市ヶ谷出版社では、「伝統建築」をテーマとした書籍を2009年からシリーズとして出版している。その一冊目となった内田祥哉『日本の伝統建築の構法』は、日本の伝統的な木造建築が極めて長寿命であることに注目し、補修を繰り返すことで社会環境や生活スタイルの変化に対応できる柔軟性を高く評価している。
　この柔軟性はこれまであまり指摘されていなかったものである。しかし、日本の伝統建築を、失われつつある存在として捉えるのではなく、現在でも有用な存在と捉え直していこうとした場合には、重要な視点といえよう。
　戦後長く続いたスクラップアンドビルドの時代にあっては、建築の寿命は短くても何ら問題はなかったが、こうした建築の在り方は確実に変化している。建築の寿命を延ばすこと、そして古い建築であっても、破棄するのではなく保存しながら現代的な資産として活用していくことが求められている。
　伝統建築シリーズの二冊目となった鈴木博之『保存原論』は、伝統建築を保存する際に考えられ、実践されてきたことをまとめたものである。伝統建築は保存の対象となるばかりではない。日本という場所に根ざした、良質な建築を目指すうえで規範ともなりうるであろう。
　伝統建築シリーズに連なる隈研吾『場所原論』や今里隆『次世代に活きる日本建築』は、伝統建築の延長上に姿を見せる新たな日本らしい建築の姿を示すものとなっている。これからの建築の在り方を考えていく上でも、日本の伝統建築の姿を理解しておくことは必須なのである。
　ここで、一口に日本の伝統建築といっても、そこには長い時間の中で育まれた様々な形式があることに気付く。それは、本堂・本殿・塔・農家・町家といったもので、日本列島で育った者ならば、特別な教育を受けていなくても、自然に区別することができる。本書では、構法、特に柱や梁を組み合わせて作る架構に注目して、こうした様々な形式の内部空間や外観形状が、具体的にどのような考え方で、どのような技術を用いて作ら

れているかを検討していく。

　また本書の内容は、愛知県建築士会が文化庁の補助事業として実施してきた「あいちヘリテージマネージャー養成講座」における講義にも共通している。ヘリテージマネージャーという職種は、我々の周囲に存在している膨大な数の歴史的な建築を、文化的な価値を損なわないで現代の資産として活用するための専門的な技量を身につけた建築家である。ヘリテージマネージャーを目指す建築家にとって、本書が役立つものとなることを願っている。

　以上のように、本書の内容は日本建築の仕組みを語るものであるから、建築を学ぶ学生や建築に興味のある一般の方々が対象である。そして、最も念頭に置いている読者は、設計ないしは施工の実務に携わっている方々である。

　本書が多くの方々の目にとまり、日本の伝統木造建築を再認識していただくことにつながるものとなれば幸いである。

2016年6月　　　　　　　　　　　　　　　　　　　　　　　　　　　　　　光井　渉

目　次

序　構法からみた日本建築の空間　　1

第Ⅰ章　社と堂　　7

Ⅰ-1　社の建築　　8
社の意味
棟持柱を用いた構法
梁と束を用いた構法
屋根の延長とその意味
　　コラム　檜皮とこけら

Ⅰ-2　モヤーヒサシの堂　　14
堂の構法
モヤの空間
基壇
ヒサシの追加
モヤ－ヒサシの空間と屋根
モヤ－ヒサシの展開
　　コラム　瓦と組物

Ⅰ-3　和様の堂　　20
構法と空間の日本化
改造による変化
隠される構造
軸組と小屋組
床と天井の構法
建具の構法
住宅建築の構法
和様の建築
　　コラム　懸造

Ⅰ-4　大仏様と禅宗様の堂　　30
東大寺の再建
浄土寺浄土堂の特徴
大仏様のその後
禅宗様の内部空間
身舎の拡張
大虹梁と大瓶束
柱の省略と移動
禅宗様の展開
　　コラム　窓と扉

Ⅰ-5　中世の堂　　42
本堂
正堂と礼堂
本堂の誕生
外陣の拡張
柱の省略
小屋組の変化
内部空間の演出
奥行規模の拡張
モヤ－ヒサシの崩壊

Ⅰ-6　近世の堂　　50
近世の展開
立ち登せ柱
縁側の拡張
小屋組の強化
近世的構法の自由度
自由度を活用した造形
複雑な屋根の形状

近世住宅建築の構法

Ⅰ-7　その他の堂 ……………… 58
　　様々な形態
　　柱が林立する空間
　　求心的な空間
　　権現造
　　複数棟の結合と屋根形状
　　栄螺堂
　　　コラム　茅葺の堂

第Ⅱ章　楼・閣・塔　　　　67

Ⅱ-1　鐘楼・鼓楼 ……………… 68
　　鐘楼と鼓楼
　　積上の構法
　　積上時の逓減
　　袴腰を持つ楼
　　通柱を用いた楼
　　　コラム　音響効果

Ⅱ-2　楼門・二重門 ……………… 74
　　重層の門
　　楼門
　　立ち登せ柱を用いる楼門
　　二重門
　　立ち登せ柱を用いる二重門
　　　コラム　楼拝殿

Ⅱ-3　楼閣・天閣 ……………… 82
　　高層化の系譜
　　室町時代の楼閣
　　楼閣の複雑化
　　天守閣の性格

　　小型の天守閣
　　天守閣の完成

Ⅱ-4　層塔 ……………… 88
　　塔の起源
　　層塔の初型
　　組物の発達
　　平安時代の変化
　　層塔の和様化
　　中世・近世の構法
　　　コラム　石造の塔

Ⅱ-5　その他の塔 ……………… 96
　　塔の類型
　　裳階の利用
　　層数の多い層塔
　　八角形の層塔
　　多宝塔の発生
　　多宝塔の構法
　　大塔の形式
　　　コラム　層数の変更

第Ⅲ章　農家と町家　　　　103

Ⅲ-1　農家建築の原型 ……………… 104
　　農家建築と先史の建築
　　棟持柱の残存
　　垂木構造
　　垂木構造の小屋組
　　扠首構造
　　モヤ材と追扠首
　　　コラム　農家建築の間取り

Ⅲ−2　上屋と下屋 …………………… 110
　　奥行規模と梁材
　　上屋と下屋
　　千年家の構法
　　四方下屋
　　独立柱の除去
　　桁行方向の梁の利用
　　チョウナ梁の利用
　　農家建築の梁組
　　　コラム　もう一つの農家建築

Ⅲ−3　農家建築の空間 ………………… 118
　　独立柱除去の進展
　　構造体のブロック化
　　室内空間の高さの操作
　　見せる構造
　　小屋組の活用
　　合掌造
　　　コラム　大黒柱

Ⅲ−4　町家建築の原型 ………………… 126
　　町家建築の2つの系譜
　　京町家型
　　在郷町家型
　　2つの系譜の合流
　　　コラム　町家建築の間取り

Ⅲ−5　町家建築の高層化 ……………… 134
　　都市密度の向上
　　簡便な2階
　　登り梁の使用
　　総二階と指物
　　屋根形態の操作
　　3階建ての町家
　　　コラム　指物

Ⅲ−6　町家建築の空間 ………………… 142
　　町家建築の大型化
　　突出部による拡張
　　複雑な構成による拡張
　　内部空間の演出
　　土蔵の構法
　　　コラム　町家建築の建具

図版出典　　　　　　　　　　150
索引　　　　　　　　　　　　152
ヘリテージマネージャー資料　　156

序　構法からみた日本建築の空間

■　伝統木造建築の再評価

　日本列島の長い歴史の中で育まれてきた伝統建築を見直し、積極的に活用しようとする動きが全国で高まっている。東京都内でも、下町を中心にその数は急増し、人気を博している（図1）。

　しかし、少し時間を遡ると状況は全く異なっていた。戦後の日本社会では、効率性と機能性を追求するあまり、一時期は伝統木造建築という存在自体が否定されていた。そうした風潮にあって、守られていたのは「国宝」や「重要文化財」などの文化財建造物だけ、という状況が長く続いていたのである。

　この状況は、1970年代以降に少しづつ変化していった。高度成長が終焉を迎えると、歴史や伝統あるいは地域性などを再評価する機運が高まり、1975年には地方独自の視点で文化遺産を選出する「地方指定文化財」や、集

図1　伝統木造建築を改修したレストラン（HAGISO・東京都台東区）

落・町並を保存する「伝統的建造物群保存地区」制度が創設された。そして、「文化財登録制度」（1996年）・「景観法」（2004年）・「歴史まちづくり法」（2008年）などの後押しもあって、文化財に代表される伝統建築を、現代に伝えられた資産として活用し、町づくりや景観保全の核として捉えようとする動きが広まったのである。

この結果、文化財として保存の対象となっている伝統建築などは急増し、2016年時点でその総数は27000棟を越えている。こうした文化財の指定数増加に伴って、保存対象の性格も変化している。大正・昭和期の住宅や店舗などが、活用を前提として文化財に指定されるようになっているのである（図2）。すなわち現代は、少し前の普通さが再評価される時代となったといえよう。

さらに、失われてしまった建築を再現し、新たな町のシンボルとする試みも、近年盛んになっている。同様の試みは戦前から行われていたが、多くは鉄筋コンクリート構造で外観のみを再現するものであった。現在では伝統構法を用いて、内部空間も再現するものへと変化している（図3）。

伝統建築の総数は減少しているが、それに反比例するかのように、かえって本物だけが持つ魅力はその輝きを増しているのである。

それでは、伝統建築を楽しむためには、どうすればよいのだろうか。風景の一部として眺めるだけでも、建築の中で時間を過ごすだけでも一向に構わない。しかし、伝統建築にはどのようなタイプがあるのか、特徴的な外観や内部空間と構法とはどのような関係があるのか、について少しばかりの知識があれば、より深く建築を味わうことができる。こうし

図2　明治の木造店舗
（はん亭・東京都台東区・国登録文化財）

図3　伝統構法で再現された城郭建築
（熊本城本丸御殿・熊本市）

図4　モヤ－ヒサシの堂
（海竜王寺西金堂・奈良市）

図5　和様の堂（圓成寺本堂・奈良市）

図6　禅宗様の堂
　　（善福院釈迦堂・和歌山県海南市）

図7　中世の本堂（大報恩寺本堂・京都市）

た知識は、伝統木造建築の活用に携わる建築関係者にとっては、必須のものとなろう。

　これから本書では、日本の伝統木造建築の主要なタイプ毎に、その形状や内部空間と構法との相関関係を検討していく。そこで、最初に本書の構成に沿って、各章の内容を簡単に見ていくことにしよう。

■　寺院と神社の建築

　第1章「社と堂」では、神社や寺院の中核建築を扱っている。特に寺院建築である堂は、宗教儀式の場となるもので、千年以上の長い歴史の中で多様に展開している。

　まず、奈良時代までに建設された「モヤーヒサシ」の堂は、中国大陸で発達した建築構法を採用したもので、瓦葺の重厚な屋根と土壁に囲まれた閉鎖的な外観となり、一つの大空間となる内部には、石積の基壇や屋根を支える構造材がそのまま露出している（図4）。

　これを基本にしつつ、日本の気候や環境に適合させたものが「和様」の堂である。屋根材は檜皮などの植物性材料が主流で、板床と天井に挟まれたフラットな内部空間が開放的な建具を通じて屋外と繋がる点に特徴がある（図5）。一方、平安時代末期に東大寺再建のために開発された構法を用いるのが「大仏様」で、ダイナミックな構造体に特徴がある。そして、大仏様よりも少し後に出現した「禅宗様」の堂は、柱を省略し高さを強調する内部空間と精密な細部に特徴がある（図6）。

　中世の「本堂」は、和様をベースにしながら、大仏様や禅宗の構法を部分的に用いるもので、奥行の長い外形に大型の屋根を乗せ、内部空間を前後左右に細かく分割し、室内高や細部意匠を変化させている（図7）。そして、

江戸時代の堂は、急勾配の大屋根と、複雑な間取りに対応する柱配置に特徴がある（図8）。

■ 多層の建築

続く第2章では、「塔」・「楼」・「閣」と呼ばれる多層の建築を扱っている。

堂の建築は、内部空間の充実に主眼が置かれており、外観は基本的には平屋で、似通ったものとなっている。一方、多層の建築ではシンボル性が重要視され、個性的な外観を創り出すための構法が発達している。

多層建築の中でも、寺院や神社の境内に立地するものは、音を遠くまで響かせるための「鐘楼」や「鼓楼」、境内の出入口に聳え建つ「楼門」や「二重門」（図9）、仏陀の遺骨を安置したことに起源を発する「層塔」などがある（図10）。

これとは別に、権力者の居館などとして建設された多層建築も存在している。この類型には、庭園との関係が強い「楼閣」の他に（図11）、「城郭」があるが、中でも「天守閣」は日本における多層建築の到達点である（図12）。

■ 民衆の住宅

最後の第3章で扱うのは、江戸時代に発達した民衆の住宅である。

権力が関与した寺社建築や城郭には、その時代の最高の材料と技術が集約されている。一方農家や町家では、材料と技術の双方で制約が大きく、構法の独自性が高い。

まず「農家」の建築は、包み込むような大型の茅葺屋根と土壁を多用した外観に特徴があり（図13）、2本の斜材がもたれ掛かり合う「扠首組」や、柱を省略するための「梁組」

図8　江戸時代の堂
（専修寺御影堂・三重県津市）

図9　楼門（御上神社楼門・滋賀県野洲市）

図10　層塔（最勝院五重塔・青森県弘前市）

図11　楼閣（本願寺飛雲閣・京都市）

図12　天守閣（松本城天守閣・長野県松本市）

図13　農家の外観（旧後藤家住宅・岩手県奥州市）

を内部空間に露出する点に特徴がある（図14）。農家建築は乏しい材料を駆使して作られており、内部空間と構法の関連性を読み取く楽しみを提供してくれる。

　もうひとつの「町家」は、都市型の住宅建築である。狭い間口と長い奥行という敷地外形に対応するため、奥に向かう細い土間と一列に並ぶ居室部から構成されている（図15）。そして、大型の町家では2階建の構法が発達し、農家と同様に豪壮な梁組を見せるものも出現している（図16）。

■　構法の展開

　以上、日本の伝統木造建築について概説してきたが、ここまでに掲載してきた写真を一見しただけでも、大きく異なるタイプがいくつも存在していることに気付くだろう。

日本では、なぜ建築はこのような多様な展開をみせたのであろうか。その背景には様々な要因が想定できる。時代や地域に応じて安定的に入手可能な木材には制約があり、構法は常にその問題に対応している。また、地震や台風といった自然災害への対応、あるいは生産性の向上も常に課題となっている。さらに、建築の使用方法やデザインの指向性といった文化的な要素も、変化をもたらす原動力である。

　こうした数多の課題に対して常に最適な解答を求めていった結果、日本建築は長い時間をかけて、多様なバリエーションを生み出していったのである。この多様な形式を生み出した構法は、具体的にどのような課題に対応したものなのか、また結果として生み出された建築の外観形状や内部空間はどのようなものであったのか、その相互関係についてこれから本文で詳細に検討していこう。

　なお、本書は文化財建造物の修理事業に伴う知見やそこで作成された図面に全面的に依拠している。まず最初に、これまで文化財の修理に携わってきた多くの技術者に感謝しておきたい。

図14　農家の梁組（旧下木家住宅・徳島県一宇村）

図15　町家の土間
　　　（旧井岡家住宅・奈良市から川崎市に移築）

図16　町家の梁組（吉島家住宅・岐阜県高山市）

第Ⅰ章
社と堂

　社は神社の建築、堂は寺院の建築を意味する用語である。この社と堂は、日本の各時代で、常に最も良質な材料と技術を用いて建設されてきたものであり、そこで用いられた構法は、貴族や武士の住宅の他に、農家や町家にも影響を与えた。その意味で社と堂は、日本建築の最も基本といえるものである。そこで、本書の冒頭である第Ⅰ章では、社と堂を取り上げ、主に内部空間と構法が連動しながら変容していったプロセスを、その背景に潜む文化的な要因とともに検証していく。

左上：金剛峯寺不動堂　　右：鶴林寺本堂
左下：大滝神社本殿及び拝殿

Ⅰ-1 社の建築

■ 社の意味

　神社を意味する社の建築は、先史時代に発生した**高床式建造物**から発展したものと考えられている。その単純な構法は、日本における木造建築の出発点とみなせるものである。

　本来、内部空間を持つ建築には、壁・床・屋根という3つの面が必要である。特に、空中に固定される屋根の重量をどのようにして支えるかが、世の東西や時代を問わず、最大の課題となっている。加えて、多雨多湿という日本列島の気候では、雨水を効率よく流すために屋根を傾斜させる必要もある。

　傾斜屋根の形式で基本となるのは、本を開いて伏せた形状の**切妻屋根**である。切妻屋根は、頂部の**棟**と端部の**桁**、その間に架け渡される**垂木**によって作られており、棟や桁と並行の**桁行**とそれに直交する**梁間**という2つの方向性を持っている（図1-1）。

　この切妻屋根をどのようにして柱で支えて空中に固定するかが、建築構法の最初の課題であり、そのシンプルな解答方法を、高床式建造物と類似した社の建築から見出すことができる。

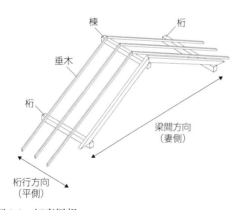

図1-1　切妻屋根

図1-2　伊勢神宮内宮御稲御倉

■ 棟持柱を用いた構法

　三重県伊勢市の**伊勢神宮内宮・外宮**の建築群は、高床式建造物の特徴を最もよく伝えている社の建築である（図1-2）。中でも他の神社の本殿に該当する**正殿**は、高床式建造物そのものといってよい（図1-3・1-4）。

　伊勢神宮正殿の柱は、地面に下端を埋め込んだ**掘立柱**である。地面に固定される掘立柱は、1本でも自立して安定するが、根本が腐るため耐久性には乏しい。伊勢神宮で20年ごとに建築を建て直す**式年遷宮**が行われている

のは、掘立柱の寿命に由来している。

　伊勢神宮正殿は、桁行方向を正面に向ける平入（ひらいり）の建築で、正面の柱4本と背面の柱4本がそれぞれ2本の桁を支え、棟はそれとは別に棟持柱（むなもちばしら）2本で支えられている（図1-5）。この方法は、棟と桁を専用の柱列で支えようとするものである。そして、自立する掘立柱を用いているために、棟と桁を支える桁行方向のフレームはそれぞれ自立するため、梁間方向に架かる水平材の重要性は低い。

　こうした特徴を持つ構法は、社の建築の他に、農家の付属家など耐久性を求めない建築では近年まで継承されている（図1-6）。

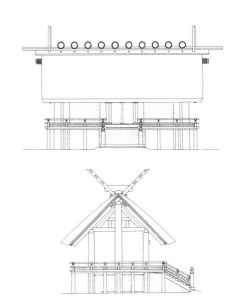

図1-3　伊勢神宮正殿　立面図

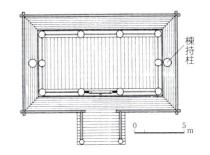

図1-4　伊勢神宮正殿　平面図

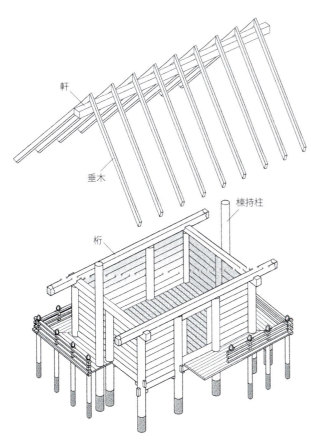

図1-5　伊勢神宮社殿　架構図

図1-6　棟持柱を持つ民家の付属屋（佐々木家）

9

図1-7 住吉大社本殿

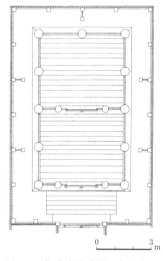

図1-8 住吉大社本殿 平面図

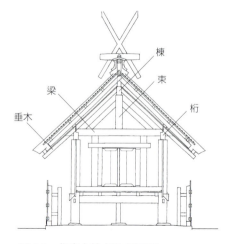

図1-9 住吉大社本殿 断面図

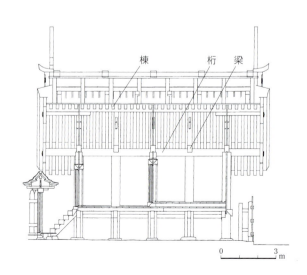

■ 梁と束を用いた構法

1810年に建設された大阪市住吉区の住吉大社本殿も、高床式建造物の特徴を伝える社の建築であるが、伊勢神宮正殿とは少し異なる構法を用いている（図1-7～1-9）。

住吉大社本殿は梁間方向を正面に向ける妻入の建築で、両側面に並ぶ5本の柱が桁を支えているのは、伊勢神宮正殿と同様であるが、桁の上には桁と直交する梁間方向に5本の梁が置かれ、その中央に立てられた束と呼ばれる短い柱が棟を支えるため、伊勢神宮正殿でみられた棟持柱は存在していない。

すなわち、住吉大社本殿では、柱と桁から構成される桁行方向のフレームを両側面に配した上で、柱と梁から構成される梁間方向のフレームを加えている。桁にかかる屋根重量は前者のフレームに伝達され、棟にかかる屋根重量は、束を介して梁で受け止められて後者のフレームに伝達されている。

このように梁は、柱の梁間方向の安定と屋根重量の伝達という2つの役割を果たす重要な部材であり、梁に頼るこうした構法は、日本建築を特徴付けるものとなっている。

■ 屋根の延長とその意味

　構法の考え方は少し異なるが、伊勢神宮正殿と住吉大社本殿は、両者とも単純な切妻屋根に覆われている。この単純な切妻屋根に覆われた部分を中核として、そこに屋根を延長して付け足す試みが、社の建築では一般的に行われている。

　日本の神社本殿の中で最も数が多い流造は、平入の中核部分の正面側に柱を追加して屋根を延長したものである。京都市の賀茂別雷神社本殿（1863年）は、その最も基本的な形態を示し（図1-10）、青森県弘前市の熊野奥照神社本殿（1613年）では、延長された屋根の下が参拝空間となっている（図1-11）。

　一方、奈良市の春日大社本社本殿（1863年）のように、妻入の中核部分の正面側に屋根を付け足したものは、春日造と呼ばれている（図1-12）。圓成寺春日堂・白山堂（奈良県奈良市）の写真から確認できるように（図1-13）、春日造では、中核部分の屋根と延長した屋根との境界では、縋破風と呼ばれる軒線の折れ曲がりが生じ、外観上の特徴となっている。

　この他にも、広島県廿日市市の厳島神社摂社客神社本殿（1241年）は、平入の本体部分の前後で屋根を延長したもので、両流造と呼ばれ（図1-14）、滋賀県大津市の日吉大社本宮本殿（1586年）は、平入の本体部分の正面と両側面で屋根を延長したもので、日吉造と呼ばれている（図1-15）。

　屋根の延長は、建築規模を大きくするための手段であると同時に、神聖なものを納める空間と、それを参拝する人間のための空間を区別するための手段でもある。建築構法は、特定の形を備えた空間を創り出し、それに合致する使用方法を生み出しているのである。

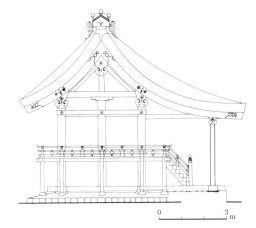

図1-10　賀茂別雷神社本殿 立面図（側面）

図1-11　熊野奥照神社本殿

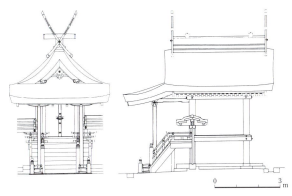

図1-12　春日大社本社本殿 立面図（背面および側面）

こうした構法・空間・使用方法はセットとなって意味をもち、日本の建築文化となっているのである。

図 1-13　圓成寺春日堂

図 1-14　厳島神社客神社本殿

図 1-15　日吉大社本宮本殿

コラム　檜皮(ひわだ)とこけら

　原始以来、日本列島では植物性の屋根材が連綿と用いられてきた。中でも多用されたのが、檜皮・こけら・茅(かや)である。

　檜皮は檜(ひのき)の樹皮を薄く削いだもので、少しずつずらしながら重ねて竹釘で固定して葺くため、重なりは1ケ所で百枚以上にも及び、極めて高い防水性能を持っている（図1-16）。こけらは杉や檜などの薄い板で、樹種や板の厚さなどによって様々な形状を示す（図1-17）。茅はすすきの茎で、農家建築では最も一般的な屋根葺材である（図1-18）。

　植物性の材料は薄くしかも容易に曲げられるために、屋根に微妙な曲線をつくることができる。勾配を変えながら伸びていく流造の屋根や春日造の縋破風(すがるはふ)は、植物性の屋根材の特徴を活かしたものといえよう。

　また、植物性の屋根材は著しく軽量で、とくに檜皮葺では屋根面1平方メートルあたり20キロ程度に過ぎない。この軽量な屋根材の存在は、日本建築の構造が脆弱となった要因であるかもしれない。

図1-16　檜皮葺

図1-17　こけら葺

図1-18　茅葺

I-2 モヤーヒサシの堂

■ 堂の構法

社の建築は、簡素な構成や優美な軒曲線など独自な美意識を持つものである。しかし、内部空間は単調で耐久性にも欠けている。

こうした欠点は、6世紀以降に大陸から導入された構法によって是正され、ここを起点として日本建築の本格的な発展が始まる。

ここで導入された寺院建築は、堂と呼ばれ、瓦を用いた屋根と頑丈な基礎によって高い耐久性を備え、大空間を実現するための架構技術に構法上の特徴がある。

当初、大陸から導入された堂には、殿堂と庁堂の2つのタイプが存在していた。このうち殿堂タイプは日本には根付かず、モヤーヒサシと呼ばれる架構方法を用いる庁堂タイプを基本として、日本建築の構法は発展していった。

■ モヤの空間

8世紀に建設された奈良市の海竜王寺西金堂は、大陸からもたらされた初期の構法を理解するための好例である（図2-1）。

その架構方法は、Ⅰ-1で取り上げた住吉大社本殿と類似している。柱は、正背面に4本・両側面に3本を配置するのみで、内部には見当たらない（図2-2）。正面側と背面側の柱の間には4本の梁が架けられ、その梁の上には、2つの蟇股と組物（コラム参照）を介してもう一段短い梁が架けられ、さらにその上にも蟇股と組物を組んで棟を支えている（図2-3）。この2段の梁は、ともに上方に反った形状をもつために虹梁と呼ばれ、内部にそのまま露出して、空間デザインを決定する重要な要素となっている（図2-4）。

このように、海竜王寺西金堂は、2本の柱

図2-1　海竜王寺西金堂

と梁からなるフレームを桁行方向に並べることで構成されている。この架構方法によって造られた空間が**モヤ**（母屋・主屋）である。

■　基壇

海竜王寺西金堂は、**基壇**と呼ばれる強固な基礎の上に建てられている。古代の堂の基壇は、粘土や砂などを交互に付き固めて作った**版築**の表面と側面を切石で覆ったものである。こうした基壇は、地面の沈下を防ぎ地震力を低減する効果を持ち、同時に、石敷の表面は内部空間の床としても機能する。

海竜王寺西金堂の柱は、基壇上面に設置された**礎石**の上に置かれている。礎石上に立つ柱は、地面に触れないために腐らないが、1本では自立しない。そのために、柱と柱の間を水平方向に繋ぐ工夫が必要となる。そこで、柱と柱の間には強固な**土壁**が入れられ、梁や桁あるいは、柱の頂部に入れられた**頭貫**や柱側面から打ちつけられる**長押**といった水平方向の部材で互いに繋がれて、傾かないようにされている。

■　ヒサシの追加

海竜王寺西金堂のような、モヤだけで構成される建築では、屋根重量は全て梁に集約されてしまう。そのため、空間を大型化しようとすれば、増加する屋根重量に耐えるために非常に太い梁が必要となる。

森林資源が豊富な日本列島でも、太い良材には限りがある。そこで、太い良材に頼らないで内部空間を大きくする構法が必要となる。

奈良県斑鳩町の**法隆寺食堂**（8世紀）は左右に長い平入の建築である（図2-5）。その架構図をみると、内部に並ぶ2列の柱列に挟ま

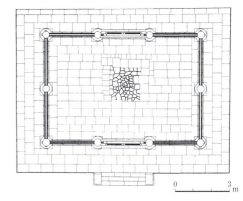

図2-2　海竜王寺西金堂 平面図

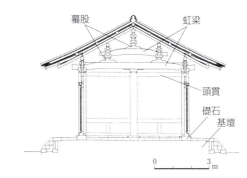

図2-3　海竜王寺西金堂 断面図

図2-4　海竜王寺西金堂 内部

れた中央部分の架構は、ほぼ海竜王寺西金堂と同様のもので、ここがモヤに該当していることを理解できる（図2-6）。内部の柱列と正背面の柱列は、繋梁（つなぎばり）によって繋がれ、その上部にはモヤの屋根がそのまま延長されている。モヤの空間を延長したこの部分は、ヒサシ（庇・廂）と呼ばれている。

このように、法隆寺食堂はモヤの前後にヒサシを取り付けて内部空間を拡大している。

それに比例して屋根面も広くなっているが、屋根の重さはモヤとヒサシに分散して伝わるので、モヤの梁を太くする必要はない。

■ モヤ－ヒサシの空間と屋根

モヤ－ヒサシの架構では、ヒサシを最大で4面全部に取り付けることが可能である。奈良市の新薬師寺本堂（しんやくしじほんどう）（8世紀）は、その四面ヒサシの好例である（図2-7）。

図2-5　法隆寺食堂（左側）

図2-7　新薬師寺本堂

図2-6　法隆寺食堂 架構図

新薬師寺本堂の柱は、4面の外壁に沿って配された柱と、内部に立つ柱の2種類に区分できる。このうち、内部に立つ柱列で囲われた部分がモヤで、外壁沿いの柱列がヒサシを支えている（図2-8〜2-10）。

　ここで内部をみると、頭上に梁を見せるモヤ部分は高い空間であり、床面も一段切り上げられて仏像を安置している。一方、柱列でモヤと仕切られたヒサシは低い空間となり、人間はここから礼拝を行う（図2-11）。つまり架構方法が生み出した空間の相違が、使用方法に反映しているのである。

　四面ヒサシの構成は、屋根の外形にも影響を及ぼしている。モヤのみの場合には屋根は切妻であるが、妻側にもヒサシを付けると、屋根の形は**入母屋**となる。この入母屋屋根は、その後の日本建築の中で、最も多く見られる形式のひとつとなっていく。

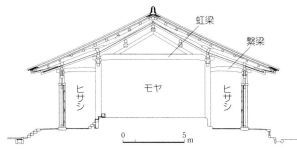

図2-8　新薬師寺本堂 断面図（梁間方向）

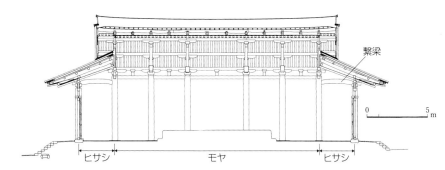

図2-9　新薬師寺本堂 断面図（桁行方向）

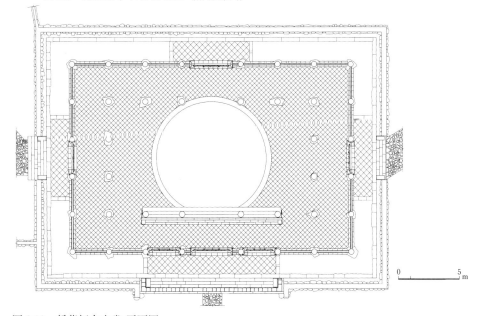

図2-10　新薬師寺本堂 平面図

図2-11　新薬師寺本堂 内部

■　モヤ−ヒサシの展開

　モヤ−ヒサシは、建築の外形が長方形でなくても成立する。奈良県斑鳩町の**法隆寺東院夢殿**（739年）は、8本の柱で構成される八角形のモヤに八角形のヒサシを延長することで造られたものである（図2-12）。

　続いて、8世紀後半に建設された奈良市の**唐招提寺金堂**は、四面ヒサシの構成を用いながらも、新薬師寺本堂とは異なる特徴を有している（図2-13）。

　まず、屋根の形式は、入母屋ではなく寄棟となっている。次に、壁面の位置をみると、ヒサシの四周を壁面とするのではなく、正面側ではモヤとヒサシの境界に壁と建具を設けている。これによって、正面から見た場合には、列柱が並ぶ吹き放ちの回廊が付属したような印象となっている（図2-14）。

　さらに内部をみると、頭上には天井が貼られている。海竜王寺西金堂や新薬師寺本堂では屋根の裏面がそのまま露出していたが、唐招提寺金堂では、天井が梁や束などの構造部材を隠しているのである。

　天井によって架構を隠してしまうこの方法は、平安時代に普及し、新しい構法と空間を生み出していく原動力となっていく。

図2-12　法隆寺東院夢殿

図2-13　唐招提寺金堂

図2-14　唐招提寺金堂
　　　　正面吹き放ち

コラム　瓦と組物

　奈良時代までに日本にもたらされた瓦は、**平瓦**と**丸瓦**を組み合わせた**本瓦葺**が大半で、片端がすぼまった丸瓦である**行基葺**も一部の遺構でみられる（図2-15）。これに江戸時代に日本で開発された**桟瓦葺**が加わって、日本建築の瓦となっている（図2-16）。

　瓦の重量は極めて重く、本瓦では屋根1平方メートルあたり200キロを越える。そのため瓦葺の建築では頑丈な架構が必要で、特に軒先を深く差し出すには、組物を用いる必要がある。

　組物は、**升（斗）**と**肘木（栱）**という2つの形状の材料を組み合わせて、重量が加わる位置を移動させる仕組みのもので（図2-17）、積み上げる段数を増やすことで、より深い軒先が実現できる（図2-18）。

　升や肘木あるいは**蟇股**の形状は（図2-19）、上方の重量を分散あるいは集中させていく様子を表現したもので、目に見えない力の流れをデザイン化した好例といえよう。

　組物は、日本の建築文化の中に根付き、構法的な意味だけでなく、寺社建築を示すサインとしても機能している。

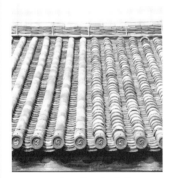

図2-15　本瓦葺と行基葺
　　　　（元興寺極楽坊）

図2-16　桟瓦（安土町）

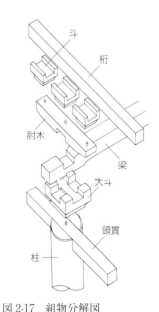

図2-17　組物分解図

図2-18　組物（東大寺法華堂）

図2-19　蟇股（圓成寺春日堂）

I-3 和（わ）様（よう）の堂（どう）

■ 構法と空間の日本化

8世紀以前は、大陸の建築構法を全面的に受容した時期で、基壇（きだん）をそのまま床面として用い、屋根を支える架構が室内に露出するものであった。しかし、8世紀後半頃から、こうした建築の在り方は変化している。

その変化は、内部空間の上下で発生している。天井と板床を貼ることで、構造と基礎が内部空間から隠されてしまうのである。そして、内部空間の質的な変化に伴って、建築構法の考え方も変化しているのである。

■ 改造による変化

兵庫県加古川市の**鶴林寺太子堂**（かくりんじたいしどう）は、平安時代の1112年に建設され、鎌倉時代の1249年に大きな改造を受けた建築である（図3-1）。

現状の平面図から、鶴林寺太子堂は、1間四方のモヤの四周にヒサシを回し、さらに南側にもう一段切り下げた**孫**（まご）**ヒサシ**を取り付け

図3-1　鶴林寺太子堂

た構成であることを理解できる（図3-2）。このうち孫ヒサシは後世に増築されたものであるから、当初の鶴林寺太子堂は、モヤとヒサシのみで構成される正方形の外形を持つ建築だったと考えてよい。

断面図をみると、モヤ部分の上部に急勾配の屋根状の部材が存在していることに気付く（図3-3）。これは、1112年時点の屋根で、その下端はヒサシの緩勾配の屋根に接続しており、建設当初は折れ曲がる不連続な屋根面であったことが判明する。そして、モヤ部分では組物上方に天井を貼るため、急勾配の屋根構造は室内から隠されていたが、ヒサシ部分では緩勾配の屋根の裏側は室内に露出していたことも判明している。

1249年の改造は、建設当初の姿を残しながら、モヤ－ヒサシ両者の屋根の上にもう一段別の構造体を設けて、屋根を二重にする内容で行われている。この改造の際に当初屋根の上に設置された斜材が**はね木**で、屋根の重量を柱に伝達する役割を担っている。

内部空間では、モヤ部分の組物の下方に新たに天井を追加し、ヒサシ部分でもその少し下方に水平の**格天井**（こうてんじょう）を貼っている（図3-4）。この改造によって、モヤとヒサシの両方で、屋根を支える構造体は、天井によって完全に隠蔽（いんぺい）されている。しかし、この改造で付加された孫ヒサシでは、従来と同様に傾斜する屋根面の

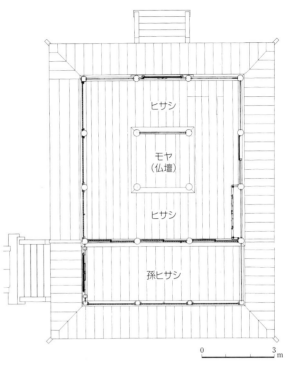

図 3-2　鶴林寺太子堂 平面図

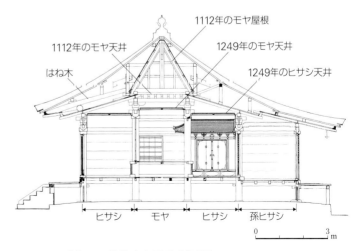

図 3-3　鶴林寺太子堂 断面図

図3-4 鶴林寺太子堂 内部

図3-5 圓成寺本堂

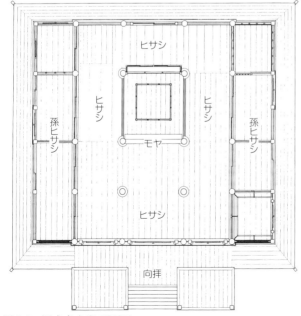

図3-6 圓成寺本堂 平面図

裏側をそのまま見せている。

モヤ－ヒサシ－孫ヒサシという構造体をそのまま用いた場合、勾配が異なるためにそれぞれの境界線で屋根面は折れ曲がる。そこで、屋根構造を二重にして勾配の変化を全体で調整し、同時に檜皮を用いて緩やかな屋根曲線を実現している。鶴林寺太子堂の優美な縋破風(すがるはふ)の曲線には、檜皮(ひわだ)という屋根葺材の存在が欠かせないのである。

このように、鶴林寺太子堂は、天井によって屋根の構造体を隠していった経緯をよく示す遺構となっている。

■ 隠される構造

奈良市東方の山間に所在する圓成寺(えんじょうじ)本堂(ほんどう)は、室町時代の1472年に建設されたものであるが、平安時代に建設された前身堂の形態を継承しているため、古風な要素が残る遺構となっている（図3-5）。

圓成寺本堂は寺院建築には珍しい妻入である。中央6本の柱で囲まれたモヤ部分の四周にヒサシを巡らし、その左右に孫ヒサシを取り付けた構成を基本とし、モヤとヒサシは一続きの大空

図3-8 亀腹（一乗寺三乗塔）

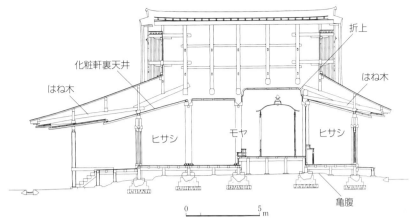

図3-7　圓成寺本堂 断面図

間を形成し、孫ヒサシは小部屋に分割されている。さらに、前方中央では屋根を延長して、吹き放ちの向拝（ごはい）を設けている（図3-6）。こうした構成を反映して、柱の高さはモヤ－ヒサシ－孫ヒサシの順に低くなり、屋根は、左右の孫ヒサシと正面の向拝で縋破風となっている（図3-7）。

ここで内部空間をみると、天井と板床が貼られているため、隠されて見えない部分が上下で発生している。

まず、床下では、奈良時代に見られた頑丈な基壇（きだん）は失われ、地面を盛り上げて突き固めた上に漆喰（しっくい）を塗った亀腹（かめばら）となっている（図3-8）。亀腹は、施工は容易であるが、安定度は版築（はんちく）の基壇よりも劣る。つまり、見えなくなった基礎は簡略化されているのである。

次に天井裏では、高さの異なる柱の上には、梁とはね木が架けられて、その上に置かれた部材が屋根を支えている。この部分は、鶴林寺太子堂では改造によって生まれたものだが、圓成寺本堂では建設当初から設けられているものである。

図 3-9　圓成寺本堂 内部

図 3-10　圓成寺本堂 正面向拝

図3-11 金剛峯寺不動堂

■ 軸組と小屋組

このように、平安時代以後には、建築の構造体は天井の上下で分離し始める。このうち、上方で屋根重量を支持する部分は**小屋組**と呼ばれ、下方の柱が並ぶ部分は**軸組**と呼ばれている。

小屋組と軸組が分離した建築では、軸組内の天井と板床に挟まれた部分が、内部空間に該当している（図3-9）。天井は軸組の内部に後からはめ込むものであるから、位置や形状を自由に設定できる。この自由度を利用して、仏壇に該当するモヤの後方1間四方の部分の天井は、周囲よりも一段切り上げた**折上の格天井**とし、格子のピッチも変えている。また、

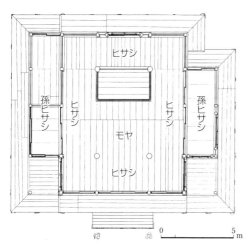

図3-12 金剛峯寺不動堂 平面図

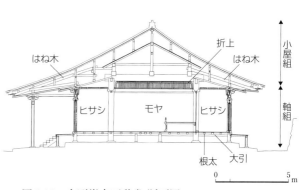

図3-13 金剛峯寺不動堂 断面図

同様に高さを自由に設定できる板床も、モヤの後方1間四方と向拝の左右では1段高くされている。

一方、ヒサシや向拝の天井は、傾斜した化粧軒裏天井である（図3-10）。化粧軒裏天井は、Ⅰ-2で採り上げた新薬師寺本堂の内部空間に露出する屋根の裏面と同じデザインであるが、実際ははね木から吊るされた天井で、構造的な性格は全く異なっている。

このように、圓成寺本堂は、構造体から制約を受けない天井と板床を用いることによって、全体にフラットな内部空間を造りつつ、場所に応じて高さや意匠を微妙に調整している。軸組と小屋組の分離は、こうした自由度の高い内部空間を創り出す上で有効な手法といえよう。

■　床と天井の構法

和歌山県高野町の金剛峯寺不動堂は、12世紀末に造られた建築をベースにして、14世紀初頭に再建されたものである（図3-11）。

その構成は、室内に立つ4本の柱で囲まれたモヤの周囲にヒサシを巡らし、さらに左右に孫ヒサシを取り付けたもので、緩やかな勾配の縋破風が特徴となっている（図3-12）。

断面図から、軸組と小屋組が分離していることを理解できる。モヤとヒサシからなる内部空間では、板床はフラットであるが、天井は、モヤ部分の天井を折上げて、ヒサシ部分よりも高くしている（図3-13）。

ここで詳細図をみると、板床は、柱に穿たれた穴に挿し込まれた大引の上に根太を等間隔に並べ、その上に板を敷き詰めていて（図3-14）、基壇表面を床として用いる奈良時代の建築よりも、部材数も加工手間数も大幅に

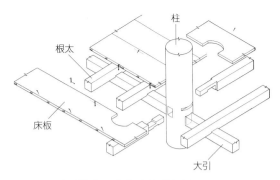

図3-14　金剛峯寺不動堂 床組詳細図

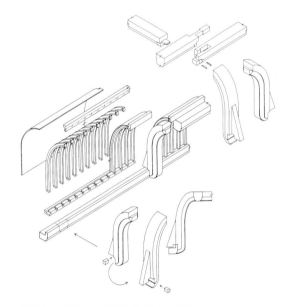

図3-15　金剛峯寺不動堂 折上天井詳細図

増加していることを理解できる。さらに、多くの曲線材を均一に仕上げなければならない折上天井や（図3-15）、緩やかな曲面や軒の反りに合わせた造形が求められる組物などでは、工芸品的な仕上げが行われている（図3-16）。このように、板床と天井を用いることで、部材数は増加し、工作精度も格段に高まっている。

■　建具の構法

8世紀後半から始まった一連の変化は、板

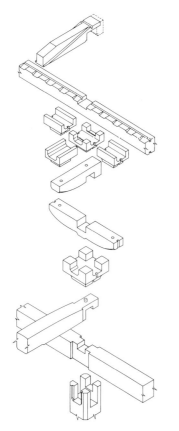

図3-16　金剛峯寺不動堂 組物詳細図

床と天井にとどまらない。土壁で囲われ閉鎖的だった奈良時代の堂に対して、建具を多用することで開放的な造りへと変化しているのである（図3-17）。

開閉可能な装置である建具には、軸を中心に回転するものと、平行にスライドするものがある。このうち回転式の建具には、回転軸が垂直な扉と（Ⅰ-5コラム参照）、回転軸が水平な蔀がある。

上方に跳ね上げる蔀は、柱間の全面を開放できる唯一の建具であり、日本建築で多用されている。しかし、跳ね上げるためには重量を軽減しなければならず、板を格子でサンドイッチした形状となっている（図3-18）。

一方、平行にスライドする引戸には、室内で用いる襖の他に、室内外の境界で用いる板戸・舞良戸（水平の桟を並べた板戸）や、採光が可能な（明）障子がある。

金剛峯寺不動堂では、屋内のヒサシと孫ヒサシの境界には襖、室内外の境界面では、半蔀（上部に蔀、下部に摺り上げ戸を入れたもの）の他に、板壁と蔀や扉あるいは舞良戸を用いている。このように、板床と天井で挟まれた内部空間を分割し、外界と多様な関係を得るために、様々な建具を使い分けている。そして、建具を動かすためのレールである敷居や鴨居が柱間に設けられ、柱の断面形状も円形から方形へと変化している。

■　住宅建築の構法

金剛峯寺不動堂で見られた建築的な特徴は、住宅系の建築と共通している。

中世に遡る住宅建築は数少ないが、その内の一つである京都市東山区の竜吟庵方丈（1387年）をみてみよう（図3-19）。方丈は、禅宗などの寺院で僧侶の生活と宗教儀礼を合わせて行うための建築で、襖で仕切られた6室から構成されている（図3-20）。

竜吟庵方丈は、モヤ－ヒサシの構成を採用している。長い柱を用いるモヤは、室中と呼ばれる正面中央の大きな室とその後方室の正面側が該当していて、短い柱を用いるヒサシが、その周囲を巡るよう取り付いている。

しかし、部屋の境界はモヤ－ヒサシの境界とは異なり、中央後方室は、モヤとヒサシをまたぐように設定され、室全体が一連の低い天井となっている（図3-21）。中央後方室の室内に3本の独立柱が立っているのはそのためである。

このように、竜吟庵方丈は、モヤ－ヒサシ

図3-17　金剛峯寺不動堂 軒下

の軸組を採用しているが、室内空間はその区分とは連動していない。こうした、構法と内部空間の乖離(かいり)は、モヤ－ヒサシの構成の形骸化を意味するものである。

■ 和様の建築

Ⅰ－2でみた単純なモヤ－ヒサシの建築は、屋根を支える架構が内部に露出し、内部空間は閉鎖的であった。

一方、圓成寺本堂や金剛峯寺不動堂あるいは竜吟庵方丈では、モヤ－ヒサシという構成を色濃く残しながらも、小屋組や基礎は内部空間から隠され、板床や天井あるいは建具といった造作材(ぞうさくざい)が発達している。

自由に位置や意匠を設定できる造作材が発達した背景には、きめ細かい空間の演出を求める嗜好性があげられよう。加えて、建具の

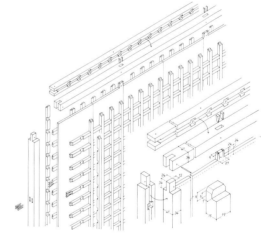

図3-18　金剛峯寺不動堂 蔀詳細図

図3-19　竜吟庵方丈

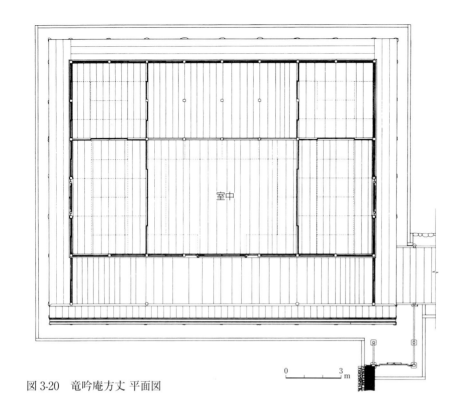

図 3-20　竜吟庵方丈 平面図

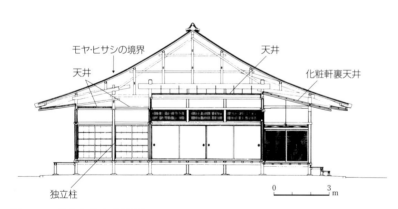

図 3-21　竜吟庵方丈 断面図

発達によって内部空間は外界に開かれ、緩やかな曲線を描く屋根とあいまって、室内外が調和した造形を実現している。

こうした特徴は、平安時代以降に発生したもので、**和様**と総称されている。日本列島で熟成した和様の感覚は、その後の日本建築に継承されるものとなる。

和様は、隅々まで配慮された造形に特徴があるが、構造的には脆弱なものが多い。平安時代に数多く造られたはずの和様の建築が、少数しか現存していない理由は、この脆弱性にあるのだろう。

コラム　懸造(かけづくり)

　和様成立の背景には、様々な要因があげられるが、その一つに寺院の山岳地帯への進出がある。都市内の平地に建設された奈良時代以前の寺院に対して、平安時代には山岳地帯の傾斜地形に寺院が数多く建設されている。

　こうした山岳地帯の傾斜地形に対応するように生み出されたのが懸造（**舞台造**(ぶたいづくり)）である。大分県宇佐市の**龍岩寺奥院礼堂**(りゅうがんじ おくのいんらいどう)は、鎌倉時代の13世紀頃に建設されたもので、急斜面の岩肌の窪みに潜り込むようにして建っている（図3-22）。板床を支える柱は削られた岩盤上に立てられ、どれ一つとして同じ長さのものがない。

　京都市の**清水寺本堂**(きよみずでらほんどう)（1633年）は、より大規模な事例であり（図3-23）、舞台と呼ばれる広い前面の板床は林立する柱列によって支えられている（図3-24）。この柱列は、構造的な安定のために、**貫**(ぬき)を使用して水平方向に固められている。貫は、**大仏様**(だいぶつよう)とともに導入されたもので、その詳細についてはⅠ-4で解説しよう。

図3-22　龍岩寺奥院礼堂

図3-23　清水寺本堂

図3-24　清水寺本堂 舞台下

I−4 大仏様と禅宗様の堂

■ 東大寺の再建

　日本建築は、12世紀末期に転換期を迎える。その契機となったのは源平争乱（1180〜1185）と元暦地震（1185）である。この戦乱と地震の結果、大量の建築が失われ、復興と構造強化が建築界の課題となった。

　中でも、源平争乱に巻き込まれて1180年に焼失した**東大寺大仏殿（金堂）**の再建は、難事業となった。758年に建設された初代の大仏殿は、長大な木材を惜しみなく用いて建設されたと考えられている。しかし、長大な木材が枯渇した12世紀末には、奈良時代と同じ構法を用いることは不可能となっていた。

　そこで、東大寺の再建を担当することになった**俊乗房重源**（1121〜1206）は、中国の建築を参考にした新しい構法を用いることを決意した。これが**大仏様**である。

■ 浄土寺浄土堂の特徴

　重源は、大仏殿の再建に着手する以前に、

図4-1　浄土寺浄土堂

他所で新しい構法の実験を試みている。1192年に建設された兵庫県小野市の浄土寺浄土堂は、その実験的な遺構である（図4-1）。

浄土寺浄土堂には、それまでの和様とは際だって異なる特徴がみられる。

その特徴の第一は柱間の間隔である（図4-2）。平安時代の和様の堂では、柱間は通常10尺（約3メートル）程度であるが、浄土寺浄土堂の柱間は20尺（約6メートル）と格段に広い（図4-3）。この広い柱間を可能にしたのが貫である。貫は、柱を貫通する水平の部材で、楔で固定することにより柱の安定性は大幅に向上する（図4-4）。この貫を用いることで構造を強化して柱間を広げ、柱の総本数を削減しているのである。

二番目の特徴は、天井を貼らず、構造が室内に露出している点である（図4-5）。これは奈良時代以前の堂と共通する特徴であるが、結果として、内部空間の高さを確保しながら、建築全体の高さや部材総量が抑制されて、重量も軽減されている。

三番目の特徴は、軒回りの徹底した簡略化である（図4-6）。和様の建築では、軒先や垂木は微妙な曲線となっているが、浄土寺浄土堂では軒先や垂木は全て直線である。また、組物も柱に挿し込まれた挿肘木となっている（図4-7）。これらは、加工手間数の削減による迅速な施工を狙ったものといえよう。なお、垂木の

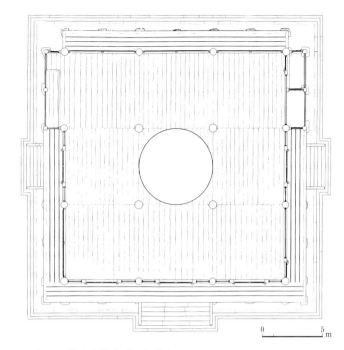

図4-2　浄土寺浄土堂 平面図

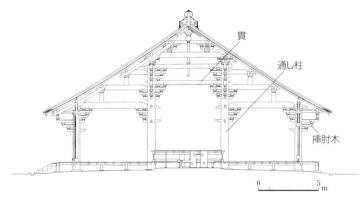

図4-3　浄土寺浄土堂 断面図

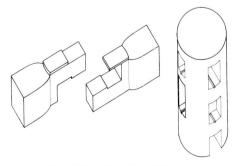

図4-4　浄土寺浄土堂 飛貫と側柱

図4-5　浄土寺浄土堂 内部

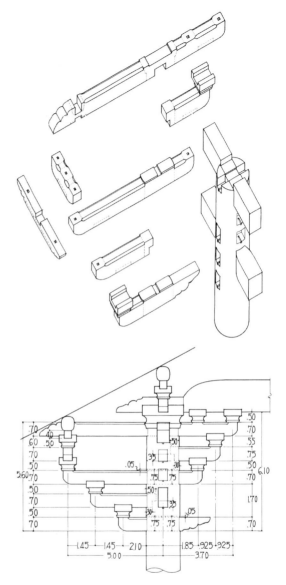

図4-6　浄土寺浄土堂 組物

図4-7　浄土寺浄土堂 組物詳細図

先端部に取り付けられた**鼻隠板**(はなかくしいた)は、数量の多い垂木の加工が不揃いであっても目立たなくするための工夫である。

■ 大仏様のその後

和様の堂は、部材を下から積み上げて造るという発想に基づいている。そして、隅々まで繊細なデザインが徹底されているため、材料の加工には莫大な手間が必要で、構造も脆弱であった。

一方、大仏様の堂は、基礎から屋根面までに至る**通柱**(とおしばしら)を用いて基本的な架構を構成し、その架構を貫を用いて補強し、軒回りの**組物**(くみもの)も外側からはめ込むようにして造り上げている。こうした特徴により構造は強化され、材料総量と**加工手間数**(かこうてますう)が削減されるので、迅速

な施工が可能となっている。

　浄土寺浄土堂の建設後、大仏様は東大寺の再建事業で本格的に採用された。しかし、簡潔な構造体をそのままみせる大仏様は、それまでの和様に比べてあまりに異質な存在であった。そのため、建築全体としては受け入れられず、貫や挿肘木を使用した技術だけが後世に継承されている。

　しかし、戦国時代が終了した16世紀末期以降に、迅速な施工が求められる大建設期が到来すると、大仏様は復活を遂げる。鎌倉時代に大仏様で建設された東大寺大仏殿は戦国時代に再度焼失したが、17世紀末に始まった東大寺大仏殿の再建事業で、再び大仏様が採用されたのである。

　現存する東大寺大仏殿は1705年に完成したもので（図4-8）、屋根面まで達する通柱とそこに挿し込まれた挿肘木が軒先を支える大仏様の特徴が顕著である（図4-9）。ただし、随所に天井を貼り構造体を隠しているから、和様の性格も指摘できるだろう（図4-10）。

■　禅宗様の内部空間

　大仏様は、構造と生産の両面で合理的な建築であったが、デザイン面での和様との隔たりが大きく、結果として定着はしなかった。一方、鎌倉時代に出現した**禅宗様**は、禅宗という新しい仏教の思想とともに、深く日本に根付いている。

　禅宗様の構法の基本的な考え方は、和様と同様に材料を積上げていくものであるが、内部空間の質の面では大きく異なっている。

　15世紀に建設された山梨県南部町の**最恩寺仏殿**は、最もシンプルな禅宗様の堂の特徴をよく示す遺構である（図4-11）。

　最恩寺仏殿は、中央の背の高い部分（**身舎**

図4-8　東大寺大仏殿

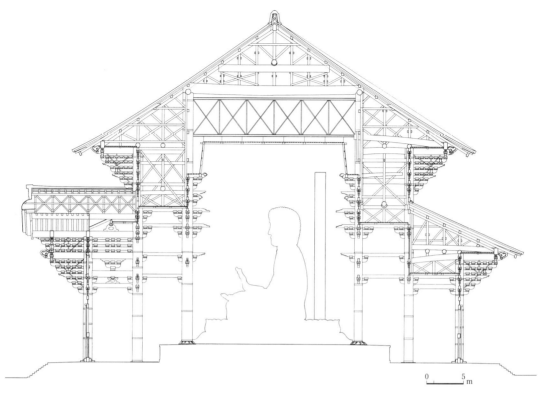

図4-9　東大寺大仏殿 断面図

図4-10　東大寺大仏殿 内部

と、その周囲に取り付く低い部分（裳階）から構成され、板床を貼っていない。裳階上部には特徴的な曲線を描く海老虹梁が架けられ、高低差のある身舎と裳階を繋げるデザイン的な効果を発揮している。

　ここで、最恩寺仏殿の組物をみると、和様とも大仏様とも異なる形状となっている。和様の組物は柱の上にだけ積み上げられたものであり、大仏様の組物は柱に挿し込まれた挿肘木に乗っているが、最恩寺仏殿の組物は、柱列の上に水平に載せられた台輪を利用して柱と柱の間にも配置され、稠密に並ぶ詰組となっている（図4-12）。

　この組物に代表されるように、禅宗様の堂は、小さな材料の精密な集合が特徴となっている。巨材に頼るのではなく、数多くの部材相互の摩擦力で構造的な安定性を獲得しているのである。

■ 身舎の拡張

和歌山県下津町の**善福院釈迦堂**は、1327年頃に建設されており、禅宗様の建築の中で最も古い時期のものである（図4-13）。

身舎と裳階からなる構成は、最恩寺仏殿と同様であるが、身舎部分の規模は柱間3間となっている（図4-14）。

禅宗様の堂では、裳階を周囲に巡らすために、身舎のプロポーションは垂直方向に長い。加えて、板床を貼らないので、基部に水平の剛面が存在していない。この構造的な問題を補うために、善福院釈迦堂の身舎では、柱間に2段に貫を入れて固めている。

次いで、身舎内部の架構をみると、モヤ－ヒサシの構成を用いていることを理解できる。すなわち、善福院釈迦堂は、裳階－身舎ヒサシ－身舎モヤという高さの異なる3つの部分から構成されているのである。裳階上部の**海老虹梁**、身舎ヒサシ上部の**尾垂木**と短い海老虹梁は、異なる高さの各部を繋ぐと同時に、中央部に向けて次第に高くなっていく様子を、デザイン的に演出するものでもある（図4-15）。

さらに、身舎ヒサシの隅部には、水平方向の強度を向上させるために、**火打梁**と呼ばれる斜材が入れられている。禅宗様では、こうした斜方向の部材も使用して構造を強化すると同時に、内部空間の特徴を強調して見せる架構を実現しているのである。

■ 大虹梁と大瓶束

続いて、東京都東村山市の**正福寺地蔵堂**（1407年）をみてみよう（図4-16）。

正福寺地蔵堂も、善福院釈迦堂と同様に、モヤ－ヒサシを用いた身舎の周囲に、裳階が

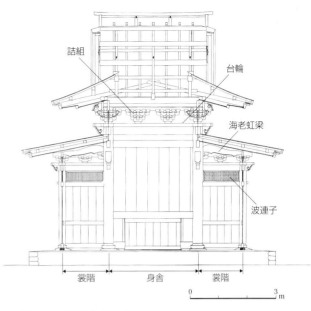

図4-11　最恩寺仏殿 断面図

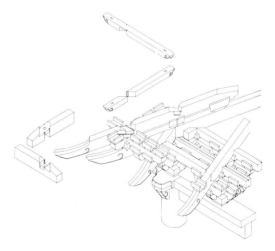

図4-12　禅宗様の組物（長樂寺仏殿）

35

図 4-13 善福院釈迦堂

巡る構成となっている。しかし、平面図で確認すると、モヤ－ヒサシを採用した場合に存在するはずの柱が、内部中央正面側で2本欠落している（図4-17）。

この部分を断面図で確認すると、身舎の内部で、後方のモヤ柱から正面側のヒサシ柱に向けて水平に**大虹梁**を架け渡して、前方のモヤ柱を省略している（図4-18）。前方のモヤ柱にかかるはずの屋根重量は、**大瓶束**と大虹梁を介して、後方のモヤ柱と正面側のヒサシ柱に伝達されているのである。

この大虹梁の両端部をみると、正面側のヒサシ柱上では積上式の組物の上に乗っているが、後方のモヤ柱では柱の中途部分に挿し込まれ、下方から挿肘木で支持されている。こうした構法は大仏様の技術を応用したもので

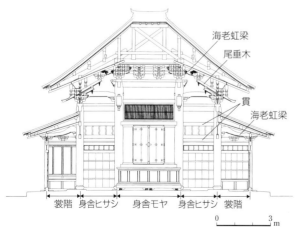

図 4-14 善福院釈迦堂 断面図

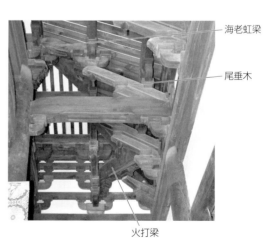

図 4-15 善福院釈迦堂 尾垂木と火打梁

ある。

　大虹梁を用いた柱の省略は、禅宗様の堂では一般的な手法である。前述の善福院釈迦堂で既に用いられており（図4-19）、300年以上後に建設された富山県高岡市の瑞龍寺仏殿（1659年）でもほぼ同様の手法を見ることができる（図4-20）。

　この架構方法は、仏壇前方の空間を広げる上で効果的であると同時に、正面側から内部を見渡した際には、頭上の2本の大虹梁が奥行方向のパースを強調するために、印象的なデザインとなる。

■　柱の省略と移動

　大虹梁を用いた柱の省略という手法は、さらに多様な展開を見せている。

　和歌山県有田川町の長樂寺仏殿は、室町時代末期の1577年に建設されたもので、その平面図をみると、本来の身舎モヤ柱4本が立つべき位置（図4-21中の×で示した位置）には、柱は1本も立っていない。この位置を断面図で確認すると、2本の大虹梁上の2本の大瓶束の位置が相当していることを理解できる（図4-22）。

　すなわち、大虹梁を用いて身舎モヤの前方柱2本を省略した上に、身舎モヤの後方柱2本の位置を本来よりも後方にずらしているのである。さらに、この後方にずらされた身舎のモヤ柱から背面側の裳階の柱に向けて、繋ぎの虹梁を架け渡して、身舎のヒサシ柱を省略している。

　このように、長樂寺仏殿は、身舎モヤ－身舎ヒサシ－裳階という構成を採用しながら、

図4-16　正福寺地蔵堂

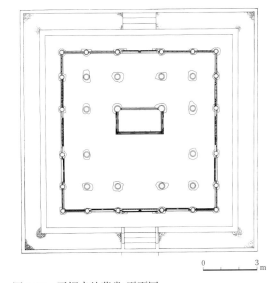

図4-17　正福寺地蔵堂 平面図

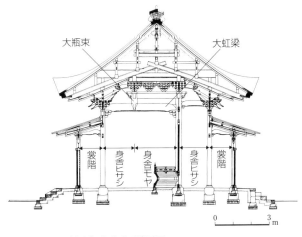

図4-18　正福寺地蔵堂 断面図

図4-19 善福院釈迦堂 内部

大胆に柱を省略ないしは移動している。その結果、建築全体の奥行は短いにもかかわらず、仏壇の前方に高く広い空間を設けることに成功している（図4-23）。

■ 禅宗様の展開

1540年に建設された広島市の**不動院金堂**は、禅宗様の構法を最も効果的に用いた事例である（図4-24）。

まず、正面側では、裳階と身舎との境界に壁を入れ、正面側の裳階を吹き放ちの外部空間としている（図4-25）。次に、奥行が非常に長い身舎では、モヤの中心に柱を立て、その前方からヒサシ柱に向けて大虹梁を架けて、モヤ前方の柱を省略している。そして、身舎後方のヒサシと背面側の裳階は、繋ぎの

図4-20 瑞龍寺仏殿 内部

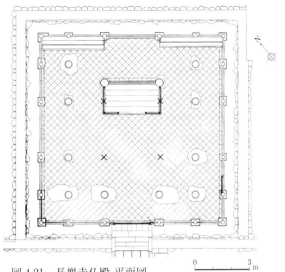

図 4-21 長樂寺仏殿 平面図

図 4-23 長樂寺仏殿 内部

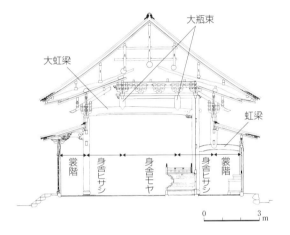

図 4-22 長樂寺仏殿 断面図

図 4-24 不動院金堂

図 4-25 不動院金堂 裳階

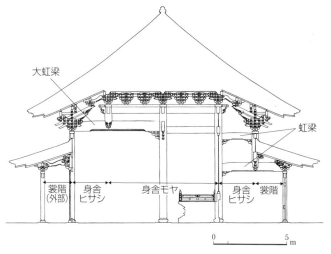

図4-26 不動院金堂 断面図

図4-27 不動院金堂 内部

図4-28 本興寺開山堂 内部

虹梁を二段に架けて一体化している（図4-26）。

このように不動院金堂では、大虹梁を用いた柱の省略手法を駆使しつつ、裳階と身舎の間に壁を設けることで、他の禅宗様の堂とは異なった空間演出を行っている（図4-27）。

最後に、兵庫県尼崎市の**本興寺開山堂**をみてみよう。

開山堂は、16世紀中期に建設された建築を17世紀初頭に移築したもので、内部には板床を貼り、周囲には縁を巡らす和様のイメージが強い建築である。しかし、内部空間の頭上には、大虹梁が印象的に延び、詰組の組物も用いられている（図4-28）。

このように本興寺開山堂は、あくまでも和様をベースとしながら、禅宗様の見せる架構を導入したものといえよう。

コラム　窓と扉

　禅宗様は、建具や細部の造作でも和様とは異なった特徴を有している。

　和様の窓は、柱間に設けられた方形の枠組内に、縦や横に細かな桟を打ち付ける**連子窓**(れんじまど)が基本である。一方、禅宗様では、頂部が尖り基部が拡がった釣鐘形の**花頭窓**(かとうまど)が多用されている（図4-29）。また、禅宗様の裳階部分の軒下には、湾曲した波連子が並ぶ水平に長い窓が設置される場合が多い（図4-30）。

図 4-29　花頭窓（建長寺方丈）

図4-30　波連子と桟唐戸（正福寺地蔵堂）

図 4-32　桟唐戸（大乗寺仏殿）

図 4-31　板扉（金剛峯寺不動堂）

　禅宗様は和様と比較すると閉鎖的であるため、花頭窓や波連子の特徴的な形状は、暗い堂内に浮かび上がり、視覚的に大きな効果を発揮する。

　続いて扉では、和様では厚い一枚板を基本とする**板扉**(いたとびら)が基本であるが（図4-31）、禅宗様ではフレームに薄い板を打ち付ける**桟唐戸**(さんからど)が用いられている（図4-32）。

　一枚板の板扉は大きさに比して重く、そのために回転軸は構造材に組み込まれている。一方、桟唐戸は軽量で、**藁座**(わらざ)と呼ばれる回転軸受を側面から打ち付ければよい。こうした重量から生じるメリットの他に、桟唐戸はデザイン上の自由度が高く、様々な造形が行える点も特徴である。

　禅宗様がもたらした花頭窓・波連子・桟唐戸は、中世以降の寺院や城郭建築で広く用いられ、日本建築の意匠を決定する重要な要素として定着していく。

I−5 中世の堂

■ 本堂

中世、鎌倉・室町時代には、和様をベースにしながら、大仏様や禅宗様の構法を吸収して、**本堂**と呼ばれる新しいタイプの堂が発生している。

本堂は、前後左右に区画される複雑な内部空間と、長い奥行規模を特徴とする建築類型である。この節では、内部空間の充実とともに構法的な進化を遂げた本堂について検討してみよう。

■ 正堂と礼堂

飛鳥・奈良時代の寺院で、伽藍の中心に位置した堂は、基本的には仏のための空間であり、**正堂**と総称されている。当初、正堂は単独で建設されていたが、平安時代に入る頃から、正堂の前方に僧侶など人間のための空間を設けるようになり、この部分は**礼堂**と呼ばれるようになった。

奈良県葛城市に所在する**當麻寺本堂**（**曼荼羅堂**）は、複雑な改造経緯をたどって現在の姿になった建築で、正堂に礼堂が付け足されていった経緯を一つの建築から確認できる貴重な建築である（図5-1）。

図5-1 當麻寺本堂

8世紀後半に建設された第1期の當麻寺本堂は、曼荼羅を安置する単純なモヤ−ヒサシ構造の正堂として建設された。この第1期の正面側に、孫ヒサシを追加して拡張したのが第2期の姿である（図5-2）。第2期の改造は平安時代初期に行われたもので、奈良時代の堂が和様の堂へと変化していく過程を示しており、板床は貼られているが天井は無く、屋根を支える構造材が内部に露出していた。

1161年に行われた第3期の改造では、正面側のヒサシと孫ヒサシを撤去し、本来のモヤ

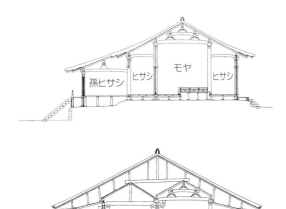

図5-2 當麻寺本堂の変遷（上：第2期・下：第3期）

部分の前方にもう一つ同じ規模のモヤを礼堂として接続し、その両方の周囲にヒサシを巡らして、さらに全体の上部に小屋組を設けたものである。現在の當麻寺本堂は、ほぼこの第3期の姿に合致しているが、第1期・第2期の材料が再利用されているため、以前の姿を推定することが可能となっている。

断面図から理解できるように、第3期の當麻寺本堂では、正堂と礼堂に該当する部分の天井は、それぞれ傾斜した屋根のような形状となっている。これは、本来は別棟であった正堂と礼堂の在り方が残存したものである。

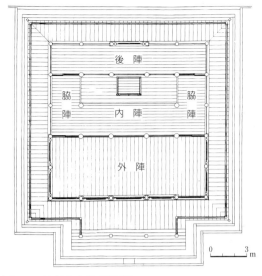

図5-3　長寿寺本堂 平面図

■　本堂の誕生

當麻寺本堂は改造を繰り返して現在のような形態となったが、13世紀に建設された滋賀県湖南市の**長寿寺本堂**は、当初から正堂と礼堂を一つの建築の中に納めている。

まず、平面図で柱の配置をみてみると、長寿寺本堂は、3間×2間のモヤの3方にヒサシを巡らした正堂の性格を継承した後方部分と、5間×2間のモヤから構成される礼堂の性格を継承した前方部分から構成されている。

このように、正堂と礼堂が初めから一体化

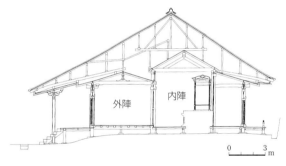

図5-4　長寿寺本堂 断面図

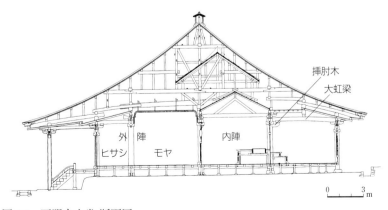

図5-5　西明寺本堂 断面図

43

図5-6　西明寺本堂 内陣

図5-7　西明寺本堂 外陣

した建築類型が**本堂**である。本堂では、旧正堂の中核部分は**内陣**、その後方と両脇はそれぞれ**後陣・脇陣**、旧礼堂に該当する部分は**外陣**と呼ばれている（図5-3）。

続いて、断面図をみると、屋根型に傾斜した天井を持つ2つの空間（内陣と外陣）が前後に並んでいて、當麻寺本堂の第3期と類似している（図5-4）。

このように、長寿寺本堂の内陣と外陣は、あたかも別の建築であるかのように造られ、内部空間の高さも異なっている。このため、両者の境界に立つ柱の位置で梁の高さに高低差が生じ、梁を支える斗を前後に二分割し、柱の表裏で異なる高さに据えるという、一種のごまかしを行っている。

図5-8　長弓寺本堂

■ 外陣の拡張

當麻寺本堂の第3期や長寿寺本堂では、正堂と礼堂が別棟であった来歴を物語るように、室内には屋根形の天井を持つ2つの空間が前後に並んでいる。また、礼堂の性格を継承した外陣の奥行は短い。

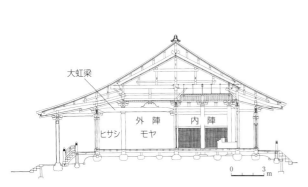
図5-9　長弓寺本堂 断面図

一方、13世紀に建設され室町時代に改造された滋賀県甲良町の**西明寺本堂**をみると、長寿寺本堂などとは異なる性格が指摘できる。

　断面図や写真をみると、内陣には屋根型に傾斜した天井が確認できるが（図5-5・5-6）、外陣には水平に格天井が貼られ、柱列を追加して前方にヒサシを付加して奥行を延長している（図5-5・5-7）。これは、外陣がモヤだけで構成されていた長寿寺本堂とは相違している。また、背面側では禅宗様の大虹梁を用いて柱を省略する手法も採用されていて、その大虹梁の端部には、大仏様の挿肘木も用いられている。

　このように、西明寺本堂は、水平な格天井を用いて外陣の空間を和様的なものに変えつつ、ヒサシを付加することで規模を拡張し、さらに大仏様や禅宗様の構造技法を導入して、空間デザインの自由度を高めている。

　さらに、奈良県生駒市の**長弓寺本堂**では、より先進的な工夫が指摘できる（図5-8）。

　1279年に建設された長弓寺本堂は、西明寺本堂と同様の空間構成を採用している（図5-9）。ただし、外陣に加えて内陣の天井も水平になり、内陣と外陣の空間の差は、内陣の天井を一段折り上げて高くしているだけで、全体が和様的な空間に整理されている。

　次に、外陣の架構をみると、モヤ－ヒサシの空間構成が残るために、外陣のモヤとヒサシの間には柱列が並んでいる（図5-10）。しかし、上方をみると、モヤとヒサシを横断するように大虹梁が架かっている（図5-11）。

　Ⅰ－4節でみたように、この大虹梁を用いれば外陣内部の柱は省略できる。おそらく、長弓寺本堂では、柱を省略する意図を持って大虹梁を架けたが、その長さが7.3メートル

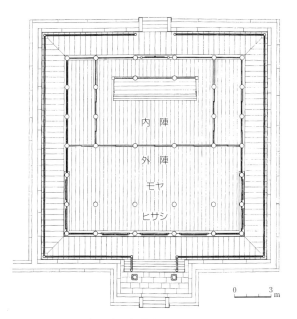

図5-10　長弓寺本堂 平面図

図5-11　長弓寺本堂 外陣

図5-12　大報恩寺本堂

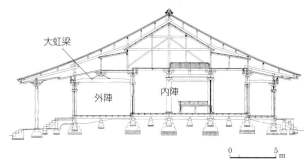

図5-13 大報恩寺本堂 断面図

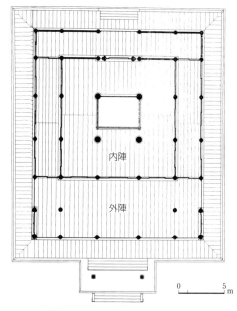

図5-14 大報恩寺本堂 平面図

図5-15 大報恩寺本堂 外陣

にも及んだため、下方の柱を残すことになったのであろうか。

■ 柱の省略

一方、京都市の**大報恩寺本堂**(1227年)は、大虹梁を用いて外陣の柱を省略することに成功している(図5-12)。

大報恩寺本堂の外陣は、モヤ－ヒサシ構造を用いて前方に延長したものであるが、外陣内部に4本あるはずのモヤ柱のうち中央の2本を、6.7メートルの大虹梁を用いて省略している(図5-13・5-14)。これはまさしく禅宗様の架構方法であり、外陣の中央3間部分は、柱が立たない広々とした空間となっている(図5-15)。また、大報恩寺本堂の奥行が長い内陣では、天井面を折り上げて前後に分割している点も先進的な要素といえよう。

大報恩寺本堂で省略された柱は、外陣中央部の2本のみであるが、大阪府河内長野市の**金剛寺本堂**(1320年)では、外陣のモヤとヒサシの境界に立つはずの柱6本は、大虹梁を用いて全て省略されている(図5-16・5-17)。そのため、外陣は一つの大空間となり、モヤとヒサシの区分は、天井の意匠のみで表現されている(モヤは水平な格天井、ヒサシは傾斜した化粧軒裏天井)。

以上、外陣空間の変化を総括すると、西明寺本堂では天井が水平になると同時にモヤ－ヒサシ構造を用いた拡張が行われ、長弓寺本堂で大虹梁を用いたモヤ柱の省略が試され、大報恩寺本堂に至って中央部での柱の省略が実現し、金剛寺金堂で外陣内部のモヤ柱が全て省略される、という過程が確認できる。

■ 小屋組の変化

内部空間の変化は、天井より下方の軸組部分で発生したものであるが、同時期には、上方の小屋組でも変化が生じている。

1161年の當麻寺本堂第3期や長寿寺本堂では、軸組と小屋組の分離は明快ではなく、大屋根を支える小屋組は仮設的なものにとどまっている。また、Ⅰ-3節で取り上げた金剛峯寺不動堂でも、軸組と小屋組は一応分離しているが、小屋組の束の位置は軸組の柱位置の直上ないしは近傍で、小屋組と軸組との関係は緊密である（Ⅰ-3節、図3-13参照）。

しかし、長弓寺本堂をみると（図5-9参照）、内陣と外陣にまたがって入れられた長い梁材の上下で、軸組と小屋組は完全に分離している。そして、小屋組の束は、軸組の柱とは無関係な位置に置かれ、大仏様がもたらした貫で緊結されて強固な構造体となっている。

このように、長弓寺本堂の小屋組を當麻寺本堂や長寿寺本堂の小屋組と比較すると、その差は一目瞭然である。天井上方に長い梁材を据えて境界をつくり、そこで軸組と小屋組を明確に分け、それぞれ貫を用いて構造強化していく長弓寺本堂のような構法は、室町時

図5-16　金剛寺金堂

図5-17　金剛寺金堂 内部

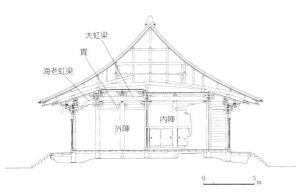

図5-18　鶴林寺本堂 断面図

図5-19　鶴林寺本堂 内部

図5-20 太山寺本堂

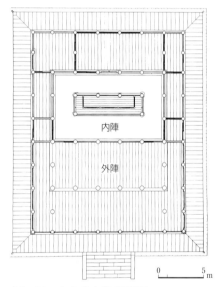

図5-21 太山寺本堂 平面図

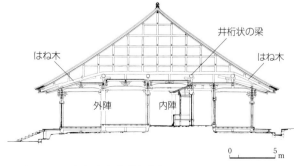

図5-22 太山寺本堂 断面図

代以後の本堂では常套手段となっている。

■ 内部空間の演出

室町時代の14世紀以降に、本堂はさらに進化していく。

兵庫県加古川市の**鶴林寺本堂**は1397年に建設されたもので、複雑な架構を用いた内部空間の演出に特徴がある。

断面図から理解できるように、鶴林寺本堂の内部空間のプロポーションは全体に縦長であり、しかも外陣では内陣よりも高い位置に天井を貼っている（図5-18）。これは長寿寺本堂とは逆のパターンであり、仏像を安置する内陣は低く暗い空間、人間のための外陣を高く明るい空間とする動きを確認できる。

そして、高くなることで不安定となった軸組の柱列は貫で相互に緊結され、外陣のモヤ部分には大虹梁が架けられ、ヒサシ部分では禅宗様の海老虹梁が内部に向けて高くなる空間を演出している。これは、禅宗様の見せる架構を応用したものである（図5-19）。

■ 奥行規模の拡張

さらに14世紀には、構造全体の考え方にも変化が発生している。1305年に建設された愛媛県松山市の**太山寺本堂**は、正面間口約16.4メートルに対して、奥行は20.9メートルとなり、奥行方向の方がはるかに長い（図5-20）。

平面図をみると、中央の内陣付近ではモヤーヒサシの構成を確認できるが、後陣や脇陣は小部屋に分割され、H字状に配された柱列で分割される外陣では、モヤーヒサシの構成を読みとることは困難である（図5-21）。

ここで、断面図をみると、太山寺本堂は、モヤに相当する3つの部分を結合して中核部

分を造り、その前後に柱高が低いヒサシに相当する部分を付けて軸組を構成しているとみなせる（図5-22）。この軸組の上に、井桁状に梁を組んで一度構造を切り離し、その上に縦横に束と貫を通して固めた小屋組を設けて屋根を支えているのである。

この構法を採用すれば、モヤに相当する部分を多く並べることで、建築の奥行規模はいくらでも延長可能である。また、軸組は小屋組の影響を受けないので、柱配置の自由度も高い。太山寺本堂の全体奥行の長さと複雑な内部空間は、この構法がもたらしたものなのである（図5-23）。

図5-23　太山寺本堂 外陣

■ モヤーヒサシの崩壊

14世紀末期に建設された京都市の**教王護国寺大師堂**は、太山寺本堂でみた構法の考え方の変化がより徹底した事例である（図5-24）。

教王護国寺大師堂は、2つの部分から構成されている。まず、1380年に後堂と呼ばれる部分が先行して建設され、10年後の1390年に前堂が付け足されて、全体としてL字型の外形となっている（図5-25）。

後堂に相当する断面図の左側をみると、中央から両脇にいくに従って柱の高さが低くなっていて、モヤーヒサシー孫ヒサシの構成を確認できる。しかし、前堂に相当する断面図右側をみると、同じ高さの柱で軸組を作って桁行方向の太い梁を支え、その上に小屋組を作って屋根を支えている。すなわち、柱の長短によるモヤーヒサシの構成は、姿を消しているのである。

平安時代に天井の発生によって軸組と小屋組が分離し、さらに鎌倉時代以降に貫を用いて軸組と小屋組の強化が行われるようになる

図5-24　教王護国寺大師堂

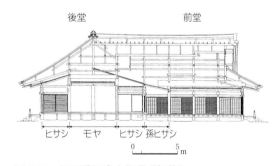

図5-25　教王護国寺大師堂 断面図

と、モヤーヒサシという構法の考え方を採用する必然性は失われてしまう。

そして、柱高さを揃えたモヤに相当する部分をいくつも並べて軸組を作り、その上に梁を縦横に通して小屋組を支える考え方に進化していく。こうした構法は14世紀に発生し、江戸時代に主流となっていくものである。

Ⅰ-6 近世の堂

■ 近世の展開

　戦国時代が終焉を迎えた16世紀末期から17世紀前半は、日本史上の大建設時代である。この時期には、大量かつ迅速な建設活動が求められ、新たな構法と空間が出現した。

　京都市の**教王護国寺金堂**は、真言宗の本山寺院の中核建築として8世紀末に建設されたが、1486年に焼失し、百年以上経た1603年に再建された（図6-1）。この来歴を示すように、教王護国寺金堂は、総高10メートルにも及ぶ本尊仏を中心にした一つの大空間で、中世の本堂とは異なる古代的な姿となっている。

　一方、1603年の再建事業で採用された構法は、基壇から延びる柱の側面に多数の貫や挿肘木が挿し込まれていることからわかるように、Ⅰ-4節でみた大仏様と類似したものとなっている（図6-2）。

　こうして戦国時代末期に復活した大仏様の構法は、Ⅰ-5節でみた中世後期の構法と合体して、江戸時代に新たな展開をみせている。この新しい構法は、仏教の大衆化に伴って出現した巨大な堂に採用されている。

図 6-1　教王護国寺金堂

図 6-2　教王護国寺金堂 内部

図 6-3　専修寺御影堂

■ 立ち登せ柱

　1666年に建設された三重県津市の**専修寺御影堂**は、浄土真宗の開山である親鸞上人を祀る大型の堂である（図6-3）。

　御影堂は、多数の信者を収容するために非常に大規模で、正面42メートル・奥行33メートル以上にも及んでいる。柱列によって前後に大きく3分割される内部には、一面に畳が敷きつめられ、一見しただけで中世以前の堂とは異なっていることを理解できる（図6-4）。

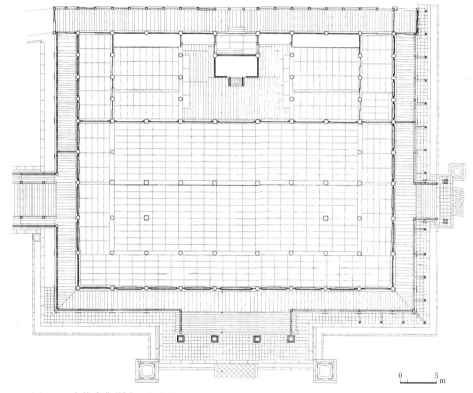

図6-4　専修寺御影堂 平面図

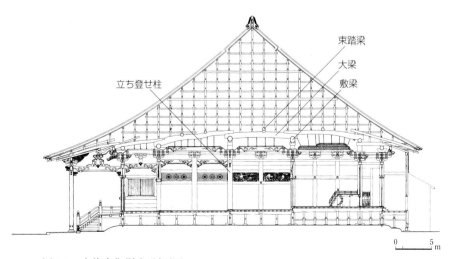

図6-5　専修寺御影堂 断面図

断面図をみると、モヤ−ヒサシの堂とは異なり、正面側の向拝周辺を除けば、軸組はほぼ同じ高さの柱で構成されている（図6-5）。そして、この軸組の上部には、**敷梁**・**大梁**・**束踏梁**と呼ばれる水平の部材を、端部で重ねながら交互に3段に重ねている。

　この3段の水平部材の上に造られる小屋組は、小屋梁と束を上下左右に均等間隔に並べて造られている。無数の束は貫を用いて互いに緊結されており、構造的に極めて安定したものとなっている。この形式の小屋組は**和小屋**と呼ばれ、構造的な安定性と、建築全体の体積に対して占める割合の大きさ、屋根勾配が急である点に特徴がある。

　続いて室内をみると、軸組の内部に天井や板床などの造作材を取り付けて内部空間を造り上げている。すなわち、軸組の内部で全て完結していることを理解できる。そのため、広い天井を支えているのは、柱の側面から挿し込まれた挿肘木に載る組物であり、柱は天井を貫いて上方に延びているように見える（図6-6）。ただし、軸組の柱は、3段に組まれた梁の下方で止まっていて、浄土寺浄土堂（Ⅰ−4節、図4-3参照）の柱のように屋根面までは達していない。こうした柱は**立ち登せ柱**と呼ばれ、近世の大型の堂に特徴的な存在となっている。

■　縁側の拡張

　京都市の**本願寺大師堂（御影堂）**は、1636年に建設されたもので、専修寺御影堂よりもさらに規模は大きく、正面規模は50メートル

図6-6　専修寺御影堂 内部（p.66にカラー写真）

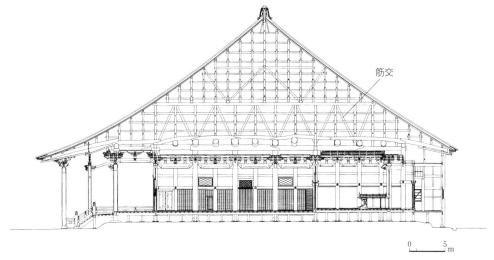

図 6-7　本願寺大師堂 断面図

を越えている。

　構造の基本的な考え方は専修寺御影堂と相似し、立ち登せ柱を用いた軸組の架構と、敷梁の上下で明快に軸組と小屋組に分かれる点に特徴がある。一方で、両者には相違点も見出せる（図6-7）。

　その相違点の第一は、縁側の外側に四周を巡るように密に配置される柱列の存在である。これは、縁側部分を構造体の中に組み込んでいることを示している。

　中世の堂の多くでは、縁側は構造体の外側に付け足すように設けられている。この場合、軒の出が小さければ、縁側が雨風に晒されてしまう。一方、縁側の外側に柱列を設ければ、縁側の開放感は損なわれるが、軒先の屋根重量を効果的に支えることができるので、結果として縁側の奥行を深くできる。

　大衆の寺社参詣が活発となった江戸時代には、縁側に大量の参詣者が滞留するようになった。そこで、縁側を構造体の中に組み入れて拡張することが一般化していて、本願寺大師堂以外でも、富山県の**勝興寺本堂**（1793年）

など、多くの大型の堂で採用されている（図6-8）。

■　小屋組の強化

　本願寺大師堂と専修寺御影堂の相違点の二番目は、小屋組の内部に間口方向・奥行方向ともに筋交が確認できる点である。

　既に述べたように、近世の堂の小屋組は、均等に配された小屋梁と束から構成される和小屋となっている。貫で繋ぐことで強い強度を持つが、さらに、強度を増すための工夫として斜材の筋交が使用されているのである。本願寺大師堂では、建設当初からこの筋交を使用していたが、19世紀初頭と20世紀初頭の

図 6-8　勝興寺本堂

図 6-9　長野善光寺

修理の際に変更が加えられ、より効果的なものとなっている。

　なお、筋交については、鎌倉時代から存在していたことが確認されている。しかし、軸組に使用した場合には、経年変化によって土壁に斜めの亀裂が生じてしまうために、城郭建築を除けばあまり用いられていない。しかし、小屋組で用いた場合には、こうした欠点を露呈しないため、近世の堂では筋交は多用されている。

■　近世的構法の自由度

　古代のモヤ－ヒサシの構成では、高いモヤ柱と低いヒサシ柱の対比が顕著であった。小屋組と軸組が分離した中世の構造でも、モヤとヒサシの構成は残存し、柱の高さには相違がみられた。そして、軸組の柱位置と小屋組の束の位置には一定の関係がみられた。

　しかし、専修寺御影堂や本願寺大師堂では、敷梁の上下で、軸組と小屋組は完全に分離し、軸組の柱の位置と小屋組の束の位置は全く無関係になっている。

　こうした構法を採用した場合、軸組の柱は、

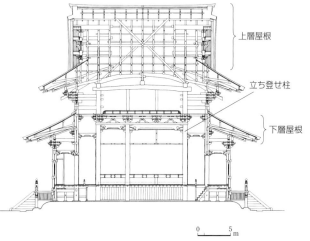

図 6-10　長野善光寺 断面図（間口方向）

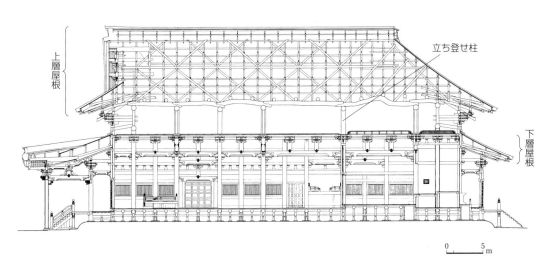

図 6-11　長野善光寺 断面図（奥行方向）

側回りには一定間隔で配置する必要があるが、内部では総量として一定数を満たせばよく、間取りに応じて配置場所を移動させることができる。また小屋組についても、軸組からの束縛を受けないので、屋根勾配や屋根形状を自由に決めることができるようになる。

近世の堂の構造は、中世よりも一段と進んだ軸組と小屋組の分離に大きな特徴があり、これによって平面や外形の自由度が向上しているのである。

■ 自由度を活用した造形

以上のような特徴を活用して、特異な形態を実現しているのが、1707年に建設された長野県の善光寺本堂である。

この堂は、2層の屋根を持つ平入と妻入の二つの建築が合体し、全体として棟がT字型となっている（図6-9）。

まず、間口方向の断面図から、善光寺本堂は立ち登せ柱を用いた近世的な構法の考え方に則っていることを理解できる（図6-10）。

中世以前の2層の堂は、下層屋根までを造り、そこで一度構造を切り離して、上層屋根を乗せる構法を用いるのが一般的である。しかし善光寺本堂では、立ち登せ柱を用いて上層屋根部分まで一気に軸組を構築し、その上に上層屋根の小屋組を乗せている。そして、下層屋根と内部の天井は、軸組の側面や内部に付け足すようにして造り出されている。

次いで、奥行方向の断面図をみると、立ち登せ柱からなる軸組によって支えられた小屋組が背部まで続き、T字型に交差する屋根の形状は、軸組部分には影響を及ぼさないように、小屋組部分の表面だけで処理されて造られていることが理解できる（図6-11）。

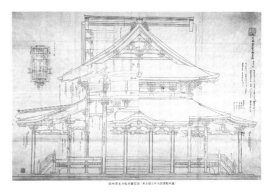

図6-12 『信州善光寺如来御堂図』

図6-13 粉河寺本堂

善光寺本堂には、建設時の詳細な設計図が存在している（図6-12）。この図から理解できるように、近世には図面を用いた入念な事前計画が行われており、それが複雑な形態を可能としたのである。

■ 複雑な屋根の形状

1720年に建設された和歌山県の粉河寺本堂は、善光寺本堂よりもさらに複雑な屋根形状となっている（図6-13）。

中世の粉河寺本堂は、正堂と礼堂という2つの建築が前後に並立する形式を有していた。しかし、18世紀初頭の建設事業では、建設資材が不足し、従来の形態のまま再建することは困難となった。加えて、巡礼に訪れる参詣者に対応するため、正面に広い吹き放ち

図 6-14　萬福寺東方丈

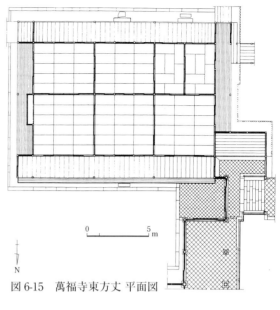

図 6-15　萬福寺東方丈 平面図

図 6-17　萬福寺東方丈 内部

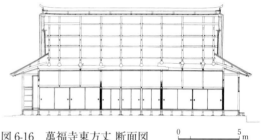

図 6-16　萬福寺東方丈 断面図

の空間を設けることも求められた。

そこで、2つの建築から構成されていた来歴を示すように、外観では後方の2層部分と前方の1層部分に分けつつ、内部空間は一体化する複雑な構成が採用された。こうした構成を可能としたのは、屋根形状の自由度が高い近世的な構法なのである。

■　近世住宅建築の構法

最後に、近世の住宅建築の構法についてもみておこう。

I－3節でみた竜吟庵方丈（りょうぎんあんほうじょう）は、方丈形式の住宅建築で、モヤ－ヒサシの構成を色濃く残す構法をベースとしているために、室内には独立柱が立っていた。また、柱の中心を基準とする心々制（しんしんせい）に従って、6尺8寸（2060ミリ）の倍数で柱間寸法を設定していた。このため、竜吟庵方丈では、均一な大きさの畳（たたみ）を室内に敷き詰めることが不可能である。

ここで、竜吟庵方丈の約280年後にあたる1663年に建設された京都府宇治市の萬福寺東方丈（まんぷくじひがしほうじょう）をみると（図6-14）、その平面形は竜吟庵方丈と良く似た6室構成である（図6-15）。しかし、萬福寺東方丈の軸組は、全て均等な長さを持つ柱から構成されていて、2段の梁組を挟んで、貫（ぬき）で繋がれた束が林立する和小屋（わごや）の小屋組を設けている（図6-16）。

このように、萬福寺東方丈には、モヤ－ヒ

56

サシの構成は全く残っておらず、近世の堂とよく似た構法が採用されている。そのため、萬福寺東方丈では、柱配置の自由度が高く、竜吟庵方丈でみられた室内に立つ独立柱は無くなり、柱と柱の間隔を基準とする内法制(うちのりせい)で柱間を設定して、長辺6尺3寸（1909ミリ）の畳を各室に敷き詰めている（図6-17）。

萬福寺東方丈は比較的小型の住宅建築であるが、同様の構法は大型の住宅建築でも確認できる。

京都市中京区の二条城二の丸御殿遠侍(にじょうじょうにのまるごてんとおざむらい)は1603年に建設され、1626年に大きな改造が施された、書院造(しょいんづくり)の大型住宅建築である（図6-18）。

断面図を一見しただけで、二条城二の丸御殿遠侍は、前述した本願寺大師堂とよく似ていることに気付く（図6-19）。大型建築の場合、近世には、堂と住宅は同じ考え方の構法で造られているのである。

間取りや屋根形の自由度が高い近世の構法

図6-18　二条城二之丸御殿遠侍 内部

は、用途に応じた部屋割や畳の敷き詰めという精緻な平面計画と、特徴的な外観の追求という、江戸時代の社会の要求によく合致するものなのである。

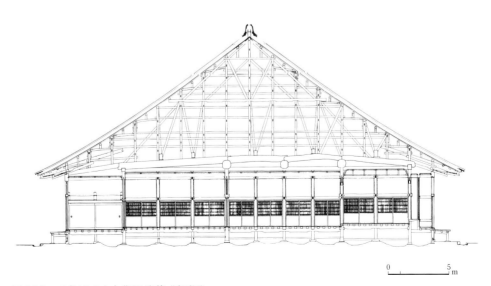

図6-19　二条城二之丸御殿遠侍 断面図

I－7 その他の堂（どう）

■ 様々な形態

堂の建築の構法は、モヤ－ヒサシの構成に基づく古代的なものから、天井と板床の発生を契機として変容し、軸組と小屋組が完全に分離した近世的なものへと変化している。

しかし、こうした変化の経過は一様ではなく、特異な空間を実現するための派生的な構法も存在している。本節では、そのうちのいくつかについて検討してみよう。

■ 柱が林立する空間

構法の変化は、基本的には大空間、しかも内部にできるだけ柱を立てないものを追求する方向で進展している。しかし、神社や山岳宗教の建築には、こうした傾向とは反するものも存在している。

福島県喜多方市の**熊野神社長床**（くまのじんじゃながとこ）は、鎌倉時代前期まで遡る古い遺構である（図7-1）。長床は、修験道などの山岳宗教にみられる建築名称で、参拝所あるいは行者の修行所として用いられていたらしい。

熊野神社長床は、モヤ－ヒサシを基本にした軸組（じくぐみ）の内部に天井と板床を設け、天井裏に簡単な小屋組（こやぐみ）を設けた一般的なものである。

図7-1　熊野神社長床

図7-2　熊野神社長床 内部

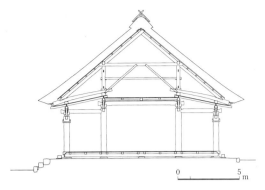

図 7-3 熊野神社長床 断面図

図 7-4 吉備津神社本殿

しかし、壁面が無いために、柱が林立する印象を与える点に特徴がある（図7-2・7-3）。

■ 求心的な空間

一方、1425年に建設された岡山市の**吉備津神社本殿及び拝殿**は、より複雑な構法を用いている。この建築は、2つの建築を前後に並べたような、**比翼入母屋造**と呼ばれる特異な外観の本殿と、その前面に建つ拝殿から構成されている（図7-4）。

本殿の平面形は、前後に2分割される外観とは全く異なり、三重に巡る柱列から構成されている（図7-5）。断面図をみると、中心部分のモヤから周囲に向かってヒサシ・孫ヒサシと拡張して軸組をつくり、その全体に小屋組をかけている。特徴的な2つの屋根は、小屋組部分だけを操作して設けている（図7-6）。こうした構成を基本にしながら、床と天井の

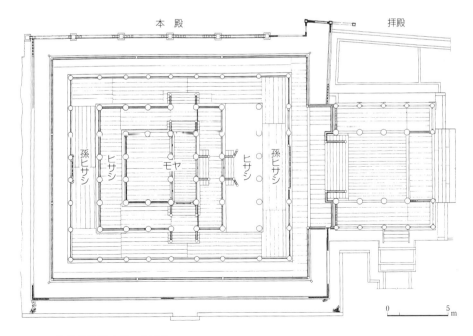

図 7-5 吉備津神社本殿 平面図

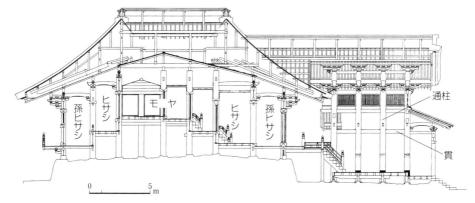

図 7-6 吉備津神社本殿 断面図

高さを段階的に変えて、中心部への求心性を表現しているのである。

一方、拝殿では、基礎から屋根面まで達する通柱の柱列が奥行方向に並んでいる。この柱列は貫で緊結され、挿肘木を用いた組物を使用しているので、大仏様系の構法であることは間違いない。

このように、吉備津神社本殿及び拝殿では、モヤ－ヒサシの構成と大仏様の架構を組み合わせて用いている。本殿に林立する柱列と、めまぐるしく高さを変える天井や板床は、聖域としての中央部を表現し、拝殿の柱列も本殿中央への方向性を効果的に演出している。

吉備津神社本殿及び拝殿の構法は、構造上の必要性というよりも、印象的な空間を表現するためのものといえよう。

■ 権現造

Ⅰ－5節でみたように、本堂は、信仰対象のための正堂と人間のための礼堂が合体したものである。しかし、両者を別棟とする傾向も残存し、近世には**権現造**という別の形式を生み出している。

江戸幕府を興した徳川家康は東照大権現という名の神となり、その礼拝施設が各地に建設された。中でも著名なのが、栃木県日光市の**日光東照宮本殿・石の間・拝殿**（1636年）である。

東照宮本殿・石の間・拝殿は、奥に神体を祀る本殿、正面側に参詣者用の拝殿を配し、その両者を石の間で繋ぐ形式となっている（図7-7）。このように、3つの建築が向きを変

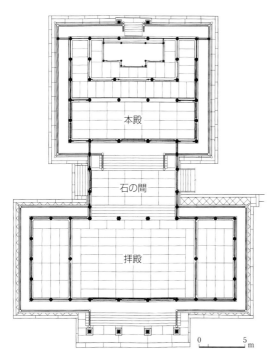

図 7-7 日光東照宮本殿石の間拝殿 平面図

図7-8 日光東照宮拝殿

図7-9 日光東照宮本殿

えながら接合した形式が権現造であり、結果として凹凸の激しい外観となる（図7-8・7-9）。

断面図から構法を確認すると、3つの建築の軸組をそれぞれ構築し、その上に一連の小屋組を設けていることを理解できる（図7-10）。そして、内部空間では、3つの建築の性格の相違を表現するために、床と天井の高さを変えている。このように、東照宮本殿・石の間・拝殿の全体構造の考え方はⅠ-6でみた近世の堂と異なるものではない。しかし、複雑な出隅入隅を持つ権現造では、断面図に現れない軒先部分の造形が極めて困難になる。

日本建築の軒先は、先端で反りあがり、軒下に垂木が整然と等間隔に並ぶ点に特徴がある。この原則を守りつつ、規模や向きが異なる3つの建築の軒先を接合させるには、事前に数理的な解析が必要となるからである（図7-11）。

■ 複数棟の結合と屋根形状

こうした、軒部分を含めた屋根の造形は、権現造のように複数棟が結合する建築では、

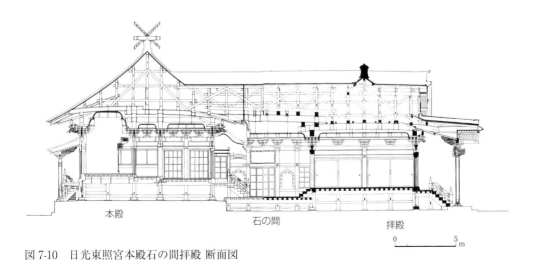
図7-10 日光東照宮本殿石の間拝殿 断面図

図 7-11　久能山東照宮

最も目立つ部分である。そのため、江戸時代を通じて屋根の造形手法は大きく発達している。その究極の姿を示すのが、1843年に建設された福井県越前市の**大滝神社本殿及び拝殿**（おおたきじんじゃほんでんおよびはいでん）

である（図7-12）。

　大滝神社本殿及び拝殿の基本構成は、妻入の入母屋屋根の拝殿の背後に平入の流造本殿を配置する、単純なものである。しかし、拝

図 7-12　大滝神社本殿

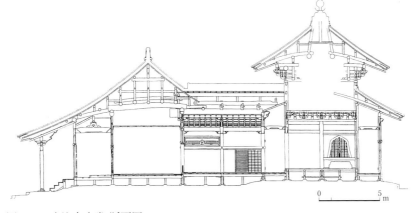

図7-13　来迎寺本堂 断面図

殿前面に唐破風の向拝を設け、拝殿と本殿の結合部には2段に千鳥破風を重ねているために、全体として屋根形状が極めて複雑になっている。こうした複雑な屋根形状は、小屋組の表面的な処理だけで造られている。

権現造に代表される複数棟が結合する建築形態は、霊廟や神社で多用されただけでなく、寺院でも採用されている。その一例が、1730年建設の、三重県の来迎寺本堂（1730年）である（図7-13）。

17世紀中期以降、一般の建築の梁間規模は、法令によっておおむね6間以下に抑制されていた。そのため、全体として大きな面積を獲得するには、複数の建築を連結させるしかない。3つの建築を結合した来迎寺本堂の形態は、法令への適合と大きな床面積の両立を狙ったものなのである。

■　栄螺堂

最後に、最も特異な存在である栄螺堂について言及しておこう。

福島県会津若松市の飯森山に立地する旧正宗寺三匝堂は、1796年に建設されたもので、六角形の平面が逓減しながら上昇していく背の高い塔状の建築である（図7-14）。内部は、

図7-14　旧正宗寺三匝堂

図7-15　旧正宗寺三匝堂 螺旋階段

63

正面側に突き出た向拝を潜ると、すぐさま螺旋階段となり、その階段を登っていくと頂部に至り、さらにそのまま降りの螺旋階段となって、出口に至る（図7-15）。

旧正宗寺三匝堂の構法は、六角形のコア部分を中央に設けている点に最大の特徴がある（図7-16）。このコア部分はそれぞれ6本の通し柱で構成される二重の殻で構成されていて、屋根の重量はもとより、側面に貼り付く螺旋階段もここが支持している（図7-17）。

適切な勾配と階高を確保しつつ、2重の螺旋階段を交差することなく巡らすのは極めて困難である。これを可能とするためには、階段部分を設ける位置の自由度が高くなくてはならない。その意味で、中央部に独立性の高いコア部分を用意して、そこに階段を貼り付ける手法は極めて有効である。

西国三十三所霊場巡礼などが流行した江戸時代には、巡礼寺院の本尊などを模写したものを一堂に集めた施設も数多く作られた。中でも、江戸本所に1780年に建設された羅漢寺三匝堂は、中央の吹抜け空間の周囲を巡る階段を利用して、百体の観音像を順に礼拝することができるようにしたもので、巻き貝のような形態から栄螺堂と呼ばれ、類似のものが全国に建設されるようになった。

各地の栄螺堂の多くは、羅漢寺三匝堂の構成を模倣したものであるが、旧正宗寺三匝堂は、二重螺旋階段を登り降りしながら、三十三の観音像を順に礼拝することを可能とした、画期的なものである。

多くの仏像を順番に礼拝していくという参拝システムが、それに対応した空間を必要とし、さらにその空間を作るための構法が考案されていくという流れの中で、この特異な建築は作られたのである。

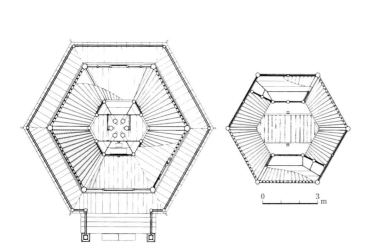

図7-16　旧正宗寺三匝堂 平面図

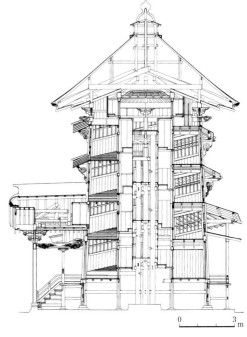

図7-17　旧正宗寺三匝堂 断面図

コラム　茅葺の堂

　これまでみてきた堂や社の屋根材は、瓦葺・檜皮葺・板葺であった。これらの屋根を支える仕組みは基本的には同一であるが、**茅葺**に関しては、少しだけ異なっている。

　茅は最も入手しやすい屋根材料であるから、おそらく古代から連綿と用いられてきた筈である。しかし、瓦葺や檜皮葺よりも勾配を大きくしなければならないために、異なる屋根の構法が必要となる。

　茨城県の**竜禅寺三仏堂**は、室町時代後期の16世紀に建設されたものである（図7-18）。分厚い茅葺屋根を持つこの建築の断面図と修理中の写真をみると（図7-19・7-20）、軸組に乗せられた大梁の上に立つ2本の長い束が直接棟を支え、その周囲に設けられた櫓状の小屋梁と束を利用して、茅屋根を支える垂木を支持している。

　棟を支える長い束はオダチ、その周囲の櫓状の梁と束はトリイとも呼ばれ、17世紀以前に遡る古い時代の農家でみられる**垂木構造**とよく似ている（Ⅲ－1節参照）。寺社建築と農家の建築は基本的には別系統で発展してきたものであるが、茅葺屋根では類似した構法が用いられていることは興味深い。

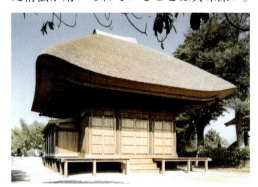

図7-18　竜禅寺三仏堂

図7-20　竜禅寺三仏堂 小屋組（修理中）

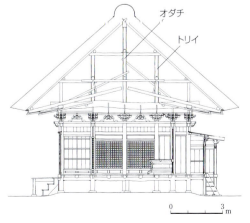

図7-19　竜禅寺三仏堂 断面図

専修寺御影堂 内部（p.52 図6-6）

第Ⅱ章
楼・閣・塔

　楼・閣・塔は、上方に高い多層建築を意味する用語である。多層建築の出発点となった層塔は、本来は内部空間を持たない見られるためだけの存在であり、寺社の楼門や二重門も同様の意味が強い。一方、中世以降に建設されるようになった庭園内の楼閣や城郭建築の天守閣などは、遠くから見られることと同時に、遠くを見下ろすことも重視している。社や堂でみられた構法を応用しながら、どのような課題を克服して多層建築を実現したのか、また、どのような発展をみせたのかについて、これから検証していこう。

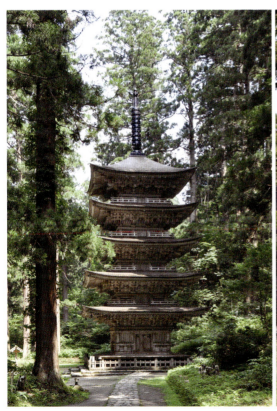

左：羽黒山五重塔　　右：熊本城宇土櫓

Ⅱ−1 鐘楼・鼓楼

■ 鐘楼と鼓楼

楼は背の高い重層の建築を指す呼称であり、寺社の境内で楼と呼ばれるものは、後述する楼門の他は鐘楼と鼓楼にほぼ限定される。

鐘楼・鼓楼に装備される鐘や太鼓は、集会の時間などを知らせるためのもので、音色が遠くまで響きわたることが求められる。そこで、鐘や太鼓を高い位置に吊り下げるため、重層の楼建築が採用されている。

■ 積上の構法

1020年に建設された**法隆寺鐘楼**は、現存最古の鐘楼で、法隆寺西院伽藍の北東側、平安時代に改造された回廊に接続している。外観は切妻屋根を乗せる総二階で、2階部分に高欄付きの縁を巡している（図1-1）。

図1-1 法隆寺鐘楼

その架構方法は、礎石立ての1階柱の上部を頭貫で繋ぎ、その上部に組物を介して井桁状に組んだ水平材を乗せ、その上に2階の柱を立てて二重の虹梁を架け渡して切妻屋根を支えるというものである。井桁状の水平材は1階の柱よりも外側に突き出ていて、その部分に2階の縁が設けられている（図1-2）。

　このように、柱は1階と2階で同じ位置に立てられているが、構造体は上下で完全に分離し、2階は1階の上部に乗っているだけである。このように、独立した構造体を上方に積み上げていく構法が楼建築の基本である。

■ 積上時の逓減

　1240年に建設された奈良市の**唐招提寺鼓楼**も、法隆寺鐘楼とほぼ同様の構法を採用している（図1-3）。しかし、詳細に断面図を確認すると相違点も見出せる（図1-4）。

　相違点の第一は屋根形で、切妻ではなく入母屋となり、屋根を支える斜めの大梁は、屋根型の天井の背後に隠されている。相違点の第二は1階と2階の柱位置で、2階の柱は1

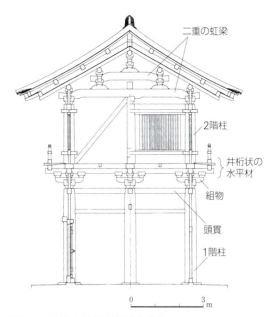

図1-2　法隆寺鐘楼梁間 断面図

図1-3　唐招提寺鼓楼

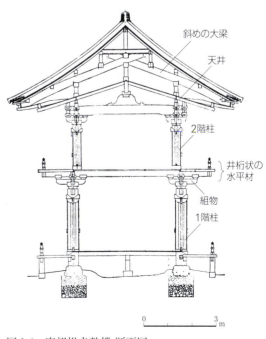

図1-4　唐招提寺鼓楼 断面図

階の柱位置よりも少し内側に寄った位置に据えられている。これは、井桁状の水平材の上下で1階と2階の構造が分離していることを利用して行われているものである。

　法隆寺鐘楼のように1・2階で柱位置を揃える方が構造的には素直であるが、1・2階の外壁面は揃ってしまう。一方、唐招提寺鼓楼では、2階の壁面は1階よりも一回り小さくなり、見上げた時に高さが強調される。

　多層の建築で、上方の階を下方の階に比べて小さくすることを**逓減**（ていげん）と呼ぶ。視覚的な効果が大きい逓減は、後述する塔の建築で顕著なものとなっている。

■　袴腰を持つ楼

　法隆寺鐘楼や唐招提寺鼓楼は、1階と2階を単純に積層した建築であるが、多くの鐘楼や鼓楼は、1階部分を**袴腰**（はかまごし）と呼ばれる緩やかなカーブを持つ壁面で覆っている。鎌倉時代前期に建設された**法隆寺東院鐘楼**（ほうりゅうじとういんしょうろう）はその代表的な遺構である（図1-5）。

　袴腰を持つ形式は広く普及し、長期間に渡

図1-6　護国院鐘楼

図1-5　法隆寺東院鐘楼

図1-7　仁和寺鐘楼

って造り続けられているが、その構法には幾つかのバリエーションが確認できる。例えば、和歌山市の**護国院鐘楼**（16世紀末期、図1-6）と京都市右京区の**仁和寺鐘楼**（1644年、図1-7）の外観は酷似しているが、内部の構法はかなり異なっている。

　護国院鐘楼は、柱位置を僅かに違えながら、1階の上に2階を重ねる構法を採用している（図1-8）。これは唐招提寺鐘楼と同じ考え方であるが、1階上部の井桁状の水平材は、外部では組物と一体化し、内部では鐘の重量を支えるために断面寸法が大きくなっている。一方、仁和寺鐘楼では、1・2階を貫くように4本の柱が内部に立てられ、この柱が屋根と釣鐘の重量の全てを支持している（図1-9）。

　このように、仁和寺鐘楼の架構は、1階の上部に2階を乗せるものとは根本的に異なり、中央の長い柱で2階部分まで一気に造り、外観を特徴付ける組物や縁あるいは袴腰は、側面に貼り付けただけのものとなっている。

■　通柱を用いた楼

　最後に、京都府宇治市の**萬福寺鼓楼**（1668）をみてみよう（図1-10）。

　萬福寺鼓楼の構法は、中央内部の通柱で直接2階の屋根を支えつつ、この通柱の中間に入れられた貫で2階の床を支持するもので、1階の屋根は柱の外側から付加された形式となるので、禅宗様の裳階と近似した構成となっている（図1-11）。こうした構法の考え方は、外観が全く異なる仁和寺鐘楼と類似したものといえるだろう。

　中世までの楼建築は、1階の上に2階を乗せる構造形式が、外観の形態に強く反映している。外観を特徴付ける縁回りの複雑な組物

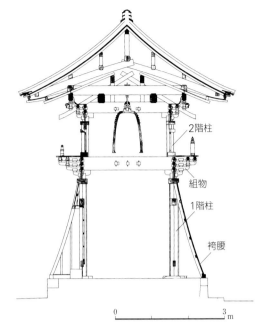

図1-8　護国院鐘楼 断面図

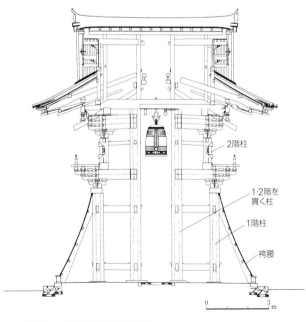

図1-9　仁和寺鐘楼 断面図

図1-10 萬福寺鼓楼

は、2階を乗せる1階の上部を面として固めるために必要不可欠なものなのである。

しかし江戸時代には、文化的な意味を持つ外観を維持しながら、その外観形式を生んだ構法とは異なる通柱を用いた構造を用いるようになる。その場合には、組物や縁はただ貼り付けられるだけの表層的なものへと変化しているのである。

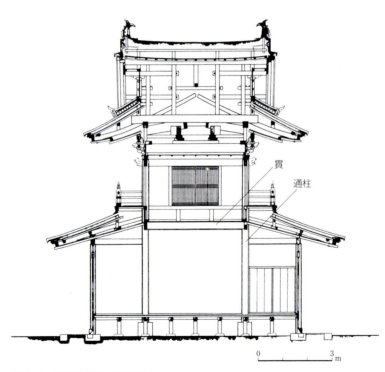

図1-11 萬福寺楼鼓 断面図

コラム　音響効果

　鐘や太鼓の音を遠くまで響かせるためには、高い位置に吊すのが効果的であるが、それ以外の工夫も存在している。

　千葉県八日市場市の飯高寺鼓楼(はんこうじころう)は1720年の建築で、その外観は典型的な鐘楼・鼓楼の形式に則っている（図1-12）。

　1992年に行われた飯高寺鼓楼の修理の際に、飯高寺鼓楼の石積基壇部分4ケ所に甕(かめ)を埋めた穴の痕跡が発見された（図1-13）。この地中に埋められた甕は、上方に吊られた太鼓の音を下方で反響させるためのものである。

　こうした甕は、各地の鐘楼や鼓楼以外に能舞台でも散見され、音響効果をもたらす工夫として広く知られていたものである。

図1-12　飯高寺鼓楼

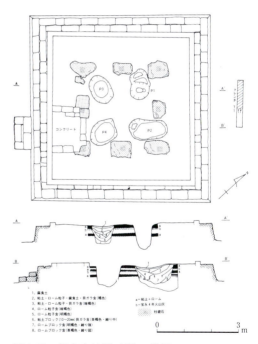

図1-13　飯高寺鼓楼　甕跡の状況

Ⅱ-2 楼門・二重門

■ 重層の門

門の本来の役割は、領域への出入口であるが、領域の存在を示すシンボルとしての意味も大きい。そのため、寺社境内や城郭といった大型施設では、その権威を象徴するように、高い重層の門が数多く建設されている。

重層の門の形式は、以下の二つに大別される。一つは1階と2階の間には屋根を設けずに縁を回す楼門で、もう一つは上下2層に屋根を設ける二重門である。この二つの形式について、構法を確認してみよう。

■ 楼門

滋賀県野洲市の御上神社楼門は、1365年に建設された、正面柱間3間の典型的な中世の楼門建築である（図2-1）。

檜皮で葺かれた軒の深い入母屋屋根は、前

図2-1　御上神社楼門

後3列計12本の柱によって支えられているが、出入口となる中央柱間は他の柱間よりも広い（図2-2）。1階では、左右それぞれ6本の柱が下方及び中間部に通された貫で繋がれ、さらに、柱の頂部には三段の組物が乗せられて強固な軸組となっている（図2-3）。この組物が外側に突き出ており、これで2階の縁を支え、同時に、組物上に井桁状の水平材

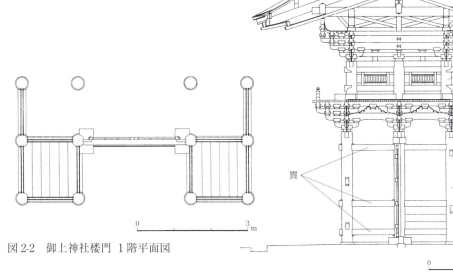

図2-3　御上神社楼門 断面図

図2-2　御上神社楼門 1階平面図

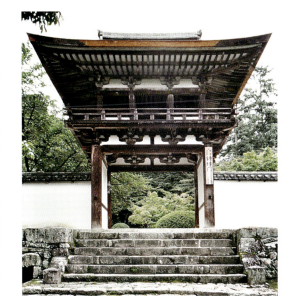

図2-4　御上神社楼門 縁と軒

図2-5　長岳寺楼門

図 2-6　岩木山神社楼門

図 2-8　岩木山神社楼門 立ち登せ柱
　　　　（写真右端）

を置いて、1階の柱位置よりも僅かに内側に2階の柱を据え付けている（図2-4）。その結果、2階は1階よりも逓減し、高さと大屋根の軒が強調されたデザインとなっている。

以上のような御上神社楼門の構法やデザイン上の効果は、Ⅱ-1節でみた唐招提寺鼓楼と極めて相似している。

ここで、楼門建築の最古の遺構である奈良県の**長岳寺楼門**（平安時代）をみると、御上神社楼門と同様の構法で造られていることが確認できる（図2-5）。長岳寺楼門の2階には鐘を吊っていた痕跡があり、また、鐘楼門とも呼ばれているので、楼門は鐘楼や鼓楼の構造形式を応用して誕生したものと推測できるのである。

■　立ち登せ柱を用いる楼門

　鎌倉・室町時代の楼門は、鐘楼・鼓楼から派生した構法を採用しているが、江戸時代には少し異なる構法も用いられている。

　1628年に建設された青森県弘前市の**岩木山神社楼門**は、正面の柱間が5間にも及ぶ大型の楼門である（図2-6）。

　断面図をみると、大屋根を支える小屋組は整理された和小屋となり、階高が高い2階は

図 2-7　岩木山神社楼門 断面図

図2-9　知恩院三門

充実した内部空間となっている（図2-7）。そして、1階と2階の柱位置は揃っていて、1階柱の上部に井桁状の水平材は見当たらず、内部には、Ⅰ-6節で言及した立ち登せ柱が1階と2階を貫通している（図2-8）。

御上神社楼門では、2階を逓減させた上で深い軒を設けて、近づいて見た際にバランスのとれた高さを強調するデザインとなっていた。一方、岩木山神社楼門では、1階と2階を一体化することで構造的な安定を図り、階高の高い2階内部空間を実現している。

霊峰岩木山を望む斜面に立地する岩木山神社楼門では、前方からの見上げが強く意識されている。見上げた場合には、背の高い2階壁面は隠され、縁や軒下の組物が目立つことになる。稠密に組物を配置する禅宗様の形式を採用しているのは、この立地を前提としたデザインである。しかし、立ち登せ柱を用いる岩木山神社楼門では、組物の構造材としての役割は小さく、構造と外観形式の間に齟齬が生じているといえよう。

■　二重門

重厚な外観となる二重門は、強いシンボル性を持つために、本山級の大寺社にほぼ限定

図2-10　知恩院三門 下層軸組

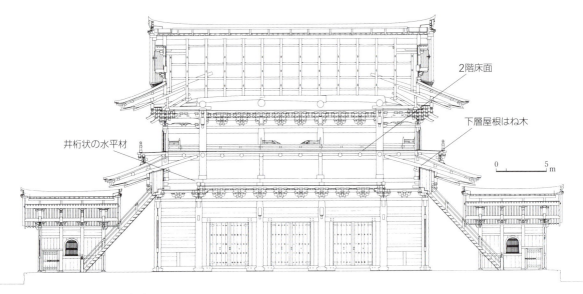

図2-11　知恩院三門 断面図

されている。中でも、京都市東山区の知恩院三門は、正面柱間が5間にも及ぶ巨大な二重門で、東山の山並みを背景にして聳え建つ姿は圧巻である（図2-9）。

1621年に建設された知恩院三門は、東山の山麓斜面が平地と接する境界線に立地しているため、外観を遠望した後に林立する柱列の間を抜けて境内に入る経験には、得難いもの

図2-12　東大寺南大門

がある（図2-10）。

　構法は、貫や組物で固めた下層の軸組の上に井桁状の水平材を置いて上層を乗せるものであるから、これまでみてきた鐘楼や楼門と基本的には同じである（図2-11）。相違点は、上層の柱を長く設定し、その柱の中間に2階の床面を設けている点である。これによって、1階頂部の組物が並ぶラインと2階の床面ラインの間には隙間が生じる。その隙間の部分にはね木を差し込んで、下層の屋根を支えているのである。

図2-14　東大寺南大門 内部見上げ

■　立ち登せ柱を用いる二重門

　楼門と同様に、通柱や立ち登せ柱を用いて1階と2階を構造的に一体化している二重門も存在している。こうした構法の起源は古く、1199年に建設された奈良市の**東大寺南大門**で

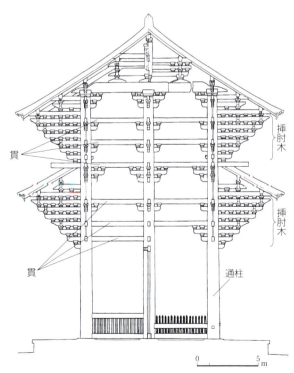

図2-13　東大寺南大門 断面図

図2-15　東福寺三門

図 2-16　建長寺三門

図 2-17　建長寺三門 内部の通し柱

既に採用されている（図2-12）。

　東大寺南大門は、基礎から屋根まで貫通する通柱のみで構成されている。屋根は２重であるが、内部は１・２階の区別は無く、通柱は上下６段もの貫で固められている（図2-13）。上下層の深い軒先は、柱に差しこまれた挿肘木の組物でキャンチレバーのように支持され、さらに、組物は通肘木によって水平に緊結されて、安定度を高めている（図2-14）。

　こうした構法は、I－4節でみた大仏様に基づくものである。東大寺南大門のように屋根面まで達する通柱のみで構成される二重門は極めて希であるが、貫を用いて通柱を緊結する構法は、二重門のような大型の建築で有効なため、中世を通じて用いられている。京都市東山区の東福寺三門（1405年）はその代表的な遺構である（図2-15）。

　江戸時代に入ると、内部の柱のみを立ち登せ柱とする事例も出現している。1775年の建長寺三門では、内部に立ち登せ柱を採用している（図2-16・2-17）。この構法の考え方は、岩木山神社楼門と似ているが、外壁のラインを決定する側柱は立ち登せ柱ではなく、１階と２階で切り離され、２階の壁面は１階よりも後退している。この方法は、逓減というデザイン手法と立ち登せ柱を用いた合理的な構造を両立させたものといえよう。

コラム　楼拝殿

　山口県内の神社には、楼拝殿と呼ばれる特殊な形式の楼門が存在している。

　その基本形式は、楼門の左右に庁屋と呼ばれる廊を延ばし、正面側に向拝を設けるもので、3つの要素が合体した形態となる。

　その古式を伝える古熊神社拝殿（山口市・17世紀中期）を見ると、左右の庁屋と正面側の向拝は、それぞれ独立した屋根となり、楼門部分の2層目縁側の下に入り込んでいるが、楼門とは接続していない。これは、中央の楼門部分を建設した後に、左右及び正面側から庁屋と向拝を付け足す方式といえよう（図2-18）。

　一方、18世紀中期に建設された正八幡宮楼門及び庁屋では、左右の庁屋の切妻屋根と向拝の唐破風屋根が、縁側の下方で完全に一体化して、楼門部分と接続している。こうした造形は、設計段階から楼門の下層を高く設定しないと不可能であり、全体を一体化して構法を検討しなければ実現できない（図2-19）。

　この2つの事例から、建築形式が洗練されていく過程の中で、それに合致した構法が検討されていることが読み取れる。

図2-18　古熊神社拝殿

図2-19　正八幡宮楼門及び庁屋

II-3 楼閣・天守閣

■ 高層化の系譜

鎌倉時代以前の多層の建築は、宮殿の一部や寺社境内の鐘楼や重層門、あるいは層塔にほぼ限定されていた。しかし、室町時代に入ると、新たに楼閣の建設が始まる。

楼閣は、禅宗の影響を強く受けた庭園内に建設されたもので、庭園を構成する風景の一部であると同時に、庭園を見下ろして眺望する役割も担っていた。

こうした見る・見られるの関係を持った楼閣建築の性格は、戦国時代末期に急激に発達した天守閣に継承され、短期間に大型化と高層化を果たしている。この楼閣・天守閣の構法はどのようなものなのだろうか。

■ 室町時代の楼閣

京都市左京区の慈照寺銀閣は1489年に建設されたもので、室町時代に建設された楼閣建築の唯一の遺構である（図3-1）。

図 3-1 銀閣

図 3-2 銀閣 断面図（東西方向）

銀閣は、こけら葺の屋根を上下に重ねる2階建の建築で、2階の平面規模は1階よりも僅かに小さい（図3-2）。

　1階部分の軸組は比較的細い角柱で構成され、床及び天井面と壁面及び小壁、柱上の梁組で補強されている。1階の上部には、深い軒が巡らされているが、この軒先の重量は屋根内部に架けられた太い斜材であるはね木が支持している。はね木は、軒先から建築中央部に向かって架けられ、その上部には井桁状の水平材が乗せられ、さらにその上部に2階の軸組が組み上げられている（図3-3）。

　こうした構法を用いるため、1階の軒先重量と2階の重量は、1階の側柱上に架かる水平材を支点として、はね木によって梃子の原理で釣り合っている（図3-4）。また、1階の屋根重量の全てをはね木が支持するため、屋根の表面を微妙なカーブを描く急勾配のものにすることが可能となり、同時に、軒下面を全く異なる緩勾配にすることも可能となっている。

　このように銀閣では、柱位置が異なる1階と2階の構造体は分断され、その中間にはね木を配して1階の屋根を設けており、全体として二重門の構法を応用したものとなっている。ただし、細い角柱の軸組を床・天井・壁などを用いて固めている点は相違している。

■　楼閣の複雑化

　次いで、銀閣から約百年後の桃山時代に建設された京都市下京区の**本願寺飛雲閣**についてみてみよう。

　飛雲閣は、西本願寺境内の南東側に広がる滴翠園内に建設された、3階建ての楼閣建築である（図3-5）。3層の屋根はいずれもこけら葺で、1階の屋根は東西に棟を置く入母屋

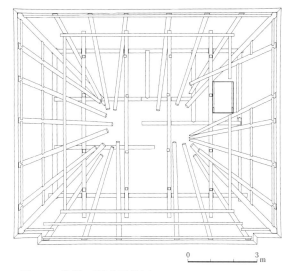

図3-3　銀閣 下層小屋伏図

図3-4　銀閣 下層屋根

図3-5　飛雲閣

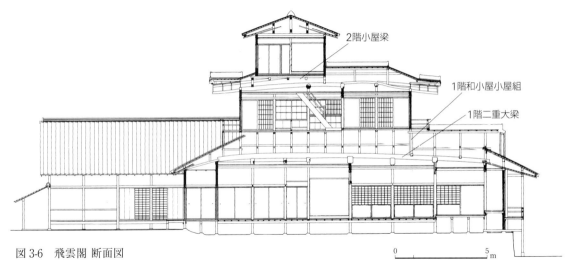

図3-6 飛雲閣 断面図

図3-7 彦根城天守

屋根の大屋根を基本とし、その北側に入母屋破風と唐破風が突き出ている。1階大屋根のほぼ中央に乗せられる2階屋根は寄棟屋根を基本としているが、唐破風の小庇が北側と西側に付け足され、さらに、2階屋根の東側に寄せて寄棟屋根の3階部分が乗せられている。

シンメトリーで単純な外観を基調とする銀閣に対して、飛雲閣はどの方向から見てもシンメトリーではなく、極めて複雑な外観となっている。そのため、周囲の庭園を巡る中で、飛雲閣の姿は刻一刻と変化していく。

飛雲閣の断面図を見ると、1階部分は、二重の大梁を架ける軸組の上部に、整然とした和小屋の小屋組を乗せており、一般的な平屋の建築と大差無い（図3-6）。その1階小屋組を構成する束のピッチを一部で密にして強化して、その上に柱を立てて2階を設け、さらにその2階屋根の小屋組を構成する梁の上に小型の3階を乗せている。

銀閣では、上下階の中間に下階の屋根を支えるはね木を組み入れていく構法を用いていた。この方法は、

図3-8 彦根城天守 断面図

上下階の規模に大きな相違が無く、どの方向からみてもシンメトリーな場合にのみ成立するものである。

一方、飛雲閣では、1階の屋根の小屋組は一度完成しており、その小屋組の一部を利用して2階を作るものである。この手法を用いれば、2階を配置する位置は完全に自由になる。飛雲閣のような変化に富んだ複雑な外観を創り出すためには、こうした構法を用いるしかないのである。

■　天守閣の性格

城下町の中心に聳える天守閣は、戦国時代末期、16世紀末から17世紀初期までの短い期間に、それまでのあらゆる建築技術を集約して誕生した建築形式である。

天守閣には、見張り台としての高さと、戦闘の際の堅牢性や防火性が求められる。これらの要求を満たすために採用されたのが、高層化と石垣、そして漆喰塗の外壁であり、この三つが天守閣の最大の特徴となっている。

こうした特徴はどのようにして実現されているのだろうか。まず、比較的階数の少ない遺構からみてみよう。

■　小型の天守閣

滋賀県彦根市の彦根城天守は1606年に建設されたものである。高い石垣の上に聳え立つ彦根城天守は、白漆喰の外壁に重厚な本瓦葺の屋根を3層に重ね、随所に取り付く千鳥破風が印象的な外観を創り出している（図3-7）。

この複雑な外観にもかかわらず、構法の考え方は明快である（図3-8）。すなわち、柱位置を揃えて3つの階を上下に積層して骨格を造り、特徴的な千鳥破風はその側面に貼り付

図 3-9　彦根城天守 修理中の2階床梁

図 3-10　彦根城天守 内部

図 3-11　熊本城宇土櫓

85

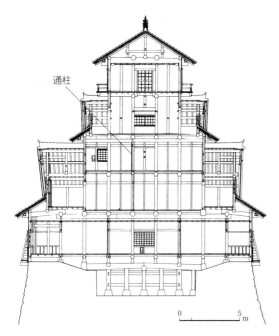

図 3-12 熊本城宇土櫓 断面図

けるという手法である。

　こうした構法の基本は、二重門などと大きくは相違しない。しかし、二重門や銀閣のような楼閣と比較すると相違点も見出せる。

　まず、建築全体が高く積み上げられた石垣の上に建てられている点である。人工的な地盤である石垣では基礎の水平面にずれが生じやすい。そのために、中世以前の建築でみられる礎石の上に柱を据える方法ではなく、基礎面に土台を回して、その上に柱を立てる方法が用いられている。これは部分的な地盤沈下を回避する上で有効な方法であるために、江戸時代以降には、寺社建築や民家にも広く普及していった。

　次いで、3層に軸組を積層させた上に、本瓦の屋根と漆喰塗の土壁を採用しているために、非常に重量の重い構造体となっている点も特徴である。この大きな重量を支えるために柱は稠密に配置され、しかも各階の柱位置は上下で揃い、それらを太い梁で繋いだ上に小壁を回して固め、さらに各階の上下の境界には太い水平材を2段に並べた擬似的な基礎面を作っている（図3-9）。

　このようにして構造を強化しているために、彦根城天守の開口部は極めて小さい（図3-10）。天守閣においては、外観の高さと最上階からの眺望のみが重要視され、下階の快適性は犠牲になっているのである。

図 3-13　熊本城宇土櫓 内部の通柱

図 3-14　姫路城天守

■ 天守閣の完成

彦根城天守は比較的小型の天守閣であるために、単純に各階の軸組を積層させる構法を用いているが、より高層の天守閣では少し異なる方法が採用されている。

熊本市の熊本城宇土櫓は彦根城天守とほぼ同時期にあたる1607年に建設されたものである。別に天守閣が存在しているために櫓と呼ばれているが、見上げる程の高さに積み上げられた石垣上に建つ、外観3重・内部6階の雄大な構成は、天守閣に匹敵する（図3-11）。

構法の考え方は、彦根城天守と同じく軸組構造体を上下に積層させるものである（図3-12）。ただし、内部では3及び4階を貫通する通柱を用いて一体化していて、高層化に伴う不安定さを軽減している（図3-13）。

さらに、内部が7階にも及ぶ兵庫県姫路市の姫路城大天守（1608年）では、さらに大胆な通柱の使用が確認できる（図3-14）。

断面図をみると、中央部分を貫く太い通柱の存在に気付くだろう（図3-15）。この通柱は1階から6階まで貫通しており、構造面で重要な役割を果たすとともに、施工の際の基準線ともなっている。

姫路城大天守では、この中央部の通柱以外にも、外殻部で2ないし3階を貫通する通柱が随所で用いられており、軸組を積層させるだけではない高層化の工夫を指摘できる（図3-16）。

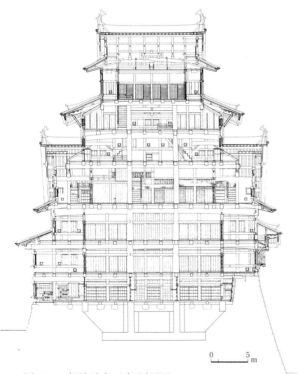

図3-15　姫路城大天守　断面図

図3-16　姫路城大天守　構造模型

Ⅱ-4 層塔(そうとう)

■ 塔の起源

現代では、上方に延びる細長い建築全般を塔と呼ぶ。しかし明治以前の日本で塔と呼べるものは、寺社境内などに建設された**仏塔**のみである。

仏塔は、ブッダの遺骨を納めた地点を表示するものを起源としている。仏教生誕の地インドで**ストゥーパ**と呼ばれた仏塔の形式は、半球状に石を積んだ**伏鉢**の上部に、箱形のハミルカと細長く延びる**相輪**を乗せた形式となった（図4-1）。ストゥーパの形式は、仏教が東方に伝播していく中で、中国大陸の建築技術を吸収して、東アジアの仏塔建築へと変質し、それが日本列島にも伝来している。こうした過程を辿ったため、日本の仏塔でも、最上部にはストゥーパでみられた伏鉢や相輪が置かれ、外観上の特徴となっている。

日本における仏塔は、屋根を何重にも重ね

図4-1 インド式のストゥーパ（中山法華経寺）

図4-2 法起寺三重塔

た層塔の他に、多宝塔と呼ばれる日本独自の形態も存在している。このうち層塔の屋根層数は奇数層を原則とし、7重や9重のものも存在したが、層塔の基本形として数多く建設されたのは三重塔と五重塔である。

■ 層塔の初型

奈良県斑鳩町の法起寺三重塔は706年に建設されたもので、日本最古の仏塔建築の一つである（図4-2）。

頑強な基壇上に建つ法起寺三重塔の初層は柱間3間で、内部には四天柱と呼ばれる4本の柱の他に、中心部を上下に貫通する心礎柱が配され、その上部に2層・3層を乗せる形式となっている（図4-3）。

初層・2層・3層の側面規模を比較すると、その比率は正確に4：3：2で、3層目は初層の半分の大きさとなっている。この大きな逓減率は、見上げた際に高さを強調する効果を狙ったもので、古い時代の仏塔の特徴となっている。しかし、大きく逓減させるため、初層よりも2層では柱間の寸法が短くなり、3層では柱間は2間に減じている。

ここで各層をみると、外側の柱と内部の4本の柱上に乗る組物上部で水平面を作り、その上に尾垂木を乗せ、さらにその上に組物を介して垂木を架けて屋根を設ける構成を採用している。この構造体の規模を縮小させながら積み重ねることで、法起寺三重塔は作られているのである（図4-4）。

このように法起寺三重塔では、基本的には各層は分離しているが、唯一全体を繋ぐ存在となっているのが心礎柱である。基壇から相輪まで貫通する心礎柱は、仏舎利を安置する地中とストゥーパ本来の形態を残す相輪とを結びつける意味を持ち、構造的にも重要な役割を果たすと考えられている。

この太い心礎柱が中心部を貫通するため、1層目の内部空間は著しく狭く、2層目以上には登ることすらできない。にもかかわらず、

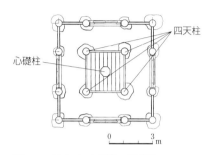

図4-3　法起寺三重塔 平面図

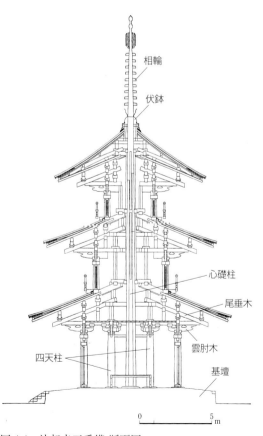

図4-4　法起寺三重塔 断面図

2層・3層の周囲にも縁が巡らされている。こうした上層階の縁側は、後世の層塔に継承されるデザインモチーフとなっている。

なお、法起寺三重塔の組物は、法隆寺西院の建築群と同じく升と肘木が一体化し、四隅で拡がらない雲肘木となり、屋根を支える垂木も段差の無い一軒である（図4-5）。

次いで、法起寺三重塔の近隣に所在する、同時代の法隆寺五重塔をみてみよう（図4-6）。

法隆寺五重塔は、初層の下に裳階と呼ばれる仮設的な屋根が側面から付け足されている点を除けば、外観も構造も法起寺三重塔と酷似している。すなわち、法起寺三重塔と法隆寺五重塔の初層の大きさは完全に一致し、同様に法起寺三重塔の2層と3層は、法隆寺五重塔の3層と5層と一致している（図4-7）。

図4-5　法起寺三重塔 軒廻り

図4-6　法隆寺五重塔

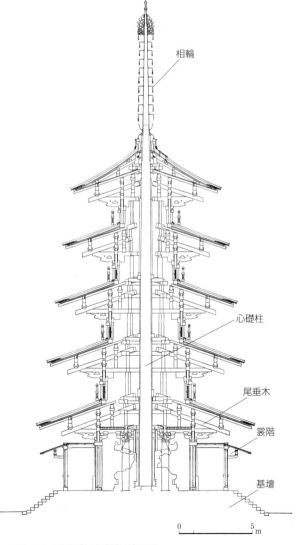

図4-7　法隆寺五重塔 断面図

このように二つの塔は、層数こそ相違するが、同じ設計理念と構法に基づいて建設されたものである。

■ **組物の発達**

続いて、法起寺三重塔から約百年後にあたる8世紀末に建設された、奈良県葛城市の當麻寺東塔をみてみよう（図4-8）。

當麻寺東塔を法起寺三重塔と比較すると、共通点と相違点の両方が指摘できる。まず共通点は、基壇の上に建つ点、心礎柱が基壇から相輪まで貫通している点である（図4-9）。

一方、逓減の割合は初層：2層：3層が5：4：3となり、法起寺三重塔よりもその度合いが小さくなり、3層だけでなく2層の柱間も2間となっている点は相違している。さらに、軒下の組物をみると、升と肘木の組み合わせが複雑化し、垂木も上下2段の二軒となっている。こうした組物の発達により、各層の柱上部分には水平方向の材料が何段にも積み上げられて強い強度を持つことになる。

層塔は、それぞれ独立した構造体である各層が上下に積層して作られる上に、逓減のために柱は上下で全く通らない。こうした構造

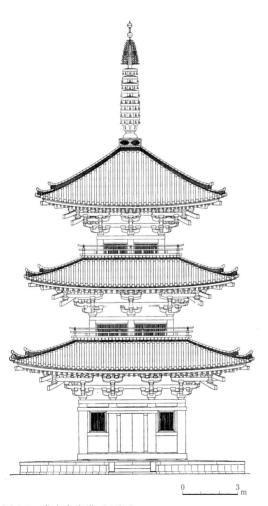

図4-8 當麻寺東塔 立面図

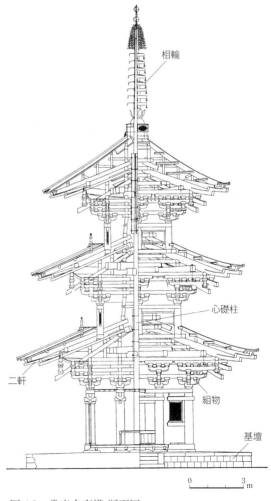

図4-9 當麻寺東塔 断面図

91

の考え方を採用した場合、各層の上部には、上層の荷重を支える強固な部分が必要である。組物の発達は、単に軒を深くするためだけではなく、上層の荷重を支える部分を強化するためにも必要不可欠なのである。

■ 平安時代の変化

平安時代以降の層塔では、内部空間に大きな変化が発生している。その変化を、1171年に建設された兵庫県加西市の**一乗寺三重塔**でみてみよう（図4-10）。

一乗寺三重塔の断面図をみると、初層の内部には天井と板床が貼られ、外部には縁側が巡っている。そして、初層から心礎柱が姿を消し、基壇も消滅している（図4-11）。

一方、外観をみると、一乗寺三重塔の逓減率は當麻寺東塔とほぼ同程度であるが、その比率は整数値で表現できなくなっている。それは、組物や垂木の寸法に配慮した複雑な設計がなされているためである。また、3層とも柱間は3間で統一され、上方にいく程、組物が圧縮された印象を与えるものになっている。初層と2層では組物の間に蟇股を入れながら3層では蟇股を省いているのは、圧縮された印象を緩和するためのデザイン上の工夫である。

図4-10　一乗寺三重塔

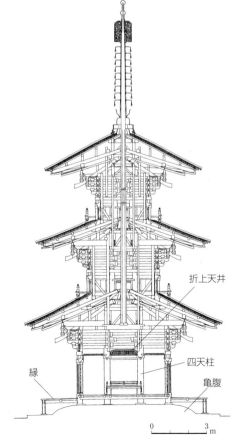

図4-11　一乗寺三重塔 断面図

■ 層塔の和様化

続いて、平安時代後期に建設され、1178年に現在地に移築された、京都府加茂町の浄瑠璃寺三重塔をみてみよう。

極楽浄土を彷彿とさせる境内の中、池に面した丘陵の中腹に浄瑠璃寺三重塔は配置されている。こうした周囲の景観と調和するように、屋根材は瓦ではなく檜皮である（図4-12）。また、3層の規模は初層の約85パーセントとなり、逓減の割合は大きくない。これは、近くから見上げたときの高さの強調よりも、遠望することを前提としたデザインであることを示している（図4-13）。

初層内部では、心礎柱に加えて四天柱も省略されている（図4-14）。ここには薬師如来像が安置され、工芸的な造作が施された二重の折上天井が設けられるなど、内部空間の充実はより顕著となっている。

層塔は、寺院境内の中心的な建築であるが、その意味と配置は時代により変化している。平地に建設された古代寺院では、仏塔は、シンメトリーな構成の中核に位置し、シンボリ

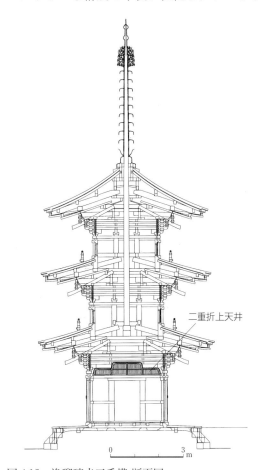

図4-13　浄瑠璃寺三重塔 断面図

図4-12　浄瑠璃寺三重塔

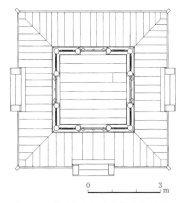

図4-14　浄瑠璃寺三重塔 平面図

ックな意味を持っていた。そのために、内部空間は基本的には重視されず、近い位置からの見上げが重視され、大きな逓減率で高さを強調した外観が採用されていた。

しかし、平安時代に入る頃には、層塔は周囲の自然地形と調和するように、境内周辺部の傾斜地形に場所を移動していく。その結果、屋根材は植物性に回帰し、遠くからの望見を重視して逓減率が減少している。さらに、密教儀式との関係から、層塔でも内部空間の充実が求められ、心礎柱や基壇は消滅し、構造的な安定度は減じてしまった。

図4-15　羽黒山五重塔

図4-16　最勝院五重塔

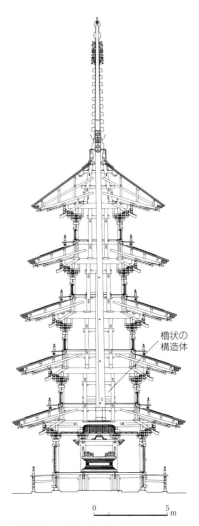

図4-17　最勝院五重塔 断面図

平安時代の層塔の変化は以上のように説明される。こうした現象は、Ⅰ-3で検討した和様の堂の特徴と共通するものでもある。

■ 中世・近世の構法

中世の層塔は、平安時代までに確立した構造の考え方を踏襲している。ただし、逓減率はさらに減少し、全体として直線的な外観を持つようになっている。険しい山中の森林の中に建つ山形県鶴岡市の羽黒山五重塔（1372年）は、逓減率が小さくなった中世の五重塔の典型例である（図4-15）。

逓減率の減少は近世まで続いていくが、例外的な遺構も存在している。青森県弘前市の最勝院五重塔（1666年）は、古代の塔と同様に大きく逓減している仏塔である（図4-16）。

最勝院五重塔のプロポーションは平安時代の塔とよく似ているが、その構法はかなり異なるものとなっている（図4-17）。

最勝院五重塔では、中心部分に設けられた櫓状の構造体が発達し、組物と一体化した横材が内部を貫き、その上に上層の柱を乗せ、屋根はそこから突き出る形式となっているのである。こうした構成は、下層の屋根の上に上層を乗せていくというものとは異なるものであり、全体を貫通する構造体を内部に設けるという意味で、Ⅰ-7でみた栄螺堂や立ち登せ柱を用いる江戸時代の二重門と同様の発想に基づくものといえよう。

コラム　石造の塔

日本の仏塔は木造が基本であるが、インドのストゥーパは石造で、中国大陸や朝鮮半島でも大型の石塔が数多く建設された。

実は、日本でも仏教伝来の時期には大型の石造塔が作られている。8世紀に建設された滋賀県東近江市の石塔寺三重塔は、その数少ない遺構である（図4-18）。

箱形と板状の石材を交互に積み重ね、その上に石造の相輪を置く石塔寺三重塔の姿は、6世紀に建設された大韓民国の定林寺址五重石塔と酷似しており、朝鮮半島からの影響を窺わせている（図4-19）。

しかし、日本列島ではこうした形態の大型の仏塔は普及せず、独自の木造仏塔が発展していった。その理由については全く不明というしかない。

図4-18　石塔寺石塔

図4-19　定林寺址五重石塔

II－5 その他の塔

■ 塔の類型

日本の層塔の大部分を占める三重塔や五重塔は、構法の完成度が高いために、堂の建築ほどの多様性はみられない。

それでも、層塔の中には、三重塔や五重塔をベースとしながら、それを少し変形をした形式も、数は少ないが存在している。また、多宝塔は、層塔とは全く異なる構法を用いて造られたもので、こちらは日本全国にかなりの数が現存している。そこで、一般的な層塔とは異なる形式の仏塔についてみていこう。

■ 裳階の利用

まず、裳階（もこし）を用いて外観を大きく変化させている塔からみてみよう。

裳階は、主体となる構造体の側面に付け足された屋根を指すもので、禅宗様（ぜんしゅうよう）の堂で多用されている（Ⅰ－4節参照）。裳階を用いた塔としては、前節で既に法隆寺五重塔を紹介したが、これは初層の下に裳階を付けただけであるから、他の五重塔と大きく異なる外観にはなっていない。

一方、奈良市の薬師寺東塔（やくしじとうとう）（730年）は、三重塔をベースとしながらも各層の間を長くとり、その部分に裳階を付けることで、計6層の外観としたものである（図5-1）。

断面図を見ると、その構法の考え方は一目瞭然である。偶数層の屋根は三重塔と全く同じ考え方で作られていて、上層の柱は下層の屋根の上に乗っている。一方奇数層の屋根は、偶数層の屋根を支える柱の外側に取り付く裳階の形式を採用していて、偶数層よりも一回り小さくされている。この奇数層の裳階屋根は、全体構造とは関係が薄いために、この部分だけを取り外すことも可能である（図5-2）。

図5-1　薬師寺東塔

このように、薬師寺東塔では、三重塔の構法を基本にしつつ、裳階を用いて層数を二倍にすると同時に、単純に逓減していくのではない特徴的な外観を実現している。

■　層数の多い層塔

続いて、層数の多い層塔をみてみよう。前述したように、現存する日本の木造仏塔の大半は、三重塔と五重塔である。ただし、失われてしまったものには、これよりも層数が多いものも実在していた。例えば、8世紀に建てられた東大寺七重塔は14世紀まで存在していたし、11世紀に建てられた法勝寺九重塔も14世紀まで存在していた。

現存するもので例外的に層数が多いものとして、奈良県櫻井市の**談山神社十三重塔**（1532年）があげられる（図5-3）。

東大寺七重塔は、一般的な三重塔や五重塔と同様の構法を採用していたと考えられるが、談山神社十三重塔の構法は少し異なっている。各層は柱をもたず、ただ屋根面のみを少しづつ逓減しながら重ねていく方法を用いているのである（図5-4）。こうした形式は石塔ではよく見られるもので、談山神社内にも**淡海公十三重石塔**が現存している（図5-5）。すなわち、談山神社十三重塔は、石塔の構法を木造に置き換えたものなのである。

図5-2　薬師寺東塔 断面図

図5-3　談山神社十三重塔

■ 八角形の層塔

　これまで見てきた層塔は、全て正方形の平面を持つものであった。これに対して、長野県上田市の**安楽寺八角三重塔**(14世紀前半)八角形平面を持つ特異な層塔である（図5-6）。

　外観は4層であるが、最下層は裳階であり、上方の三層が本体である。構法の基本的な考え方は、下層の垂木の上に水平材を置いて上層の柱を支えるもので、一般的な三重塔と類似している（図5-7）。

　安楽寺八角三重塔では、柱と柱の間にも稠密に組物を配置する禅宗様の形式を採用している。この組物を構成する水平材は八角形平面の内部にも延長して通り、組物付近の水平

図5-4　談山神社十三重塔 断面図

図5-5　淡海公十三重塔

図5-6　安楽寺八角三重塔

面は極めて強固な剛面となって、上層の荷重を受け止めている。

こうした構法の考え方自体は珍しいものではないが、禅宗様組物と八角形平面に由来する複雑な内部構造には、他には無いオリジナリティが指摘できる。

■　多宝塔の発生

続いて多宝塔についてみてみよう。

多宝塔の原型となった宝塔は、上部を丸くした細長い円筒形の上に屋根を掛けた形式の塔を指している。この宝塔の円筒部の周囲を巡るように屋根を設け２層としたものが多宝塔である。そして、宝塔という原型を持つため、多宝塔の２層目は円形の平面となり、さらに初層屋根の上には、円筒形の上部の名残として、饅頭形の亀腹が設けられている。

多宝塔という建築形式は、法華経の逸話に由来しているが、中国大陸や朝鮮半島に類似する形式は無く、日本で発生したものと考えられている。発生の時期は定かではないが、現存する遺構は滋賀県大津市の石山寺多宝塔（1194年）が最古であり、その後のものは数多く現存しているので、平安時代に誕生した形式と考えられている。

■　多宝塔の構法

和歌山県高野町の金剛三昧院多宝塔（1223年）は、石山寺多宝塔に次ぐ多宝塔の古い遺構である（図5-8）。

まず初層をみると、中央に４本の高い柱が正方形に並び、その周囲を巡るように１２本の低い側柱が配置されていて、層塔で見られた心礎柱は無く、内部には天井が貼られて仏像が安置されている（図5-9）。このように、

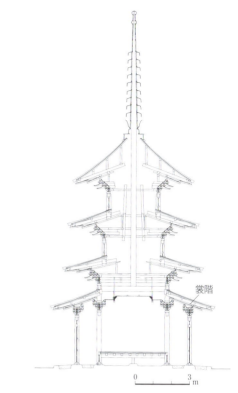

図5-7　安楽寺八角三重塔　断面図

図5-8　金剛三昧院多宝塔

99

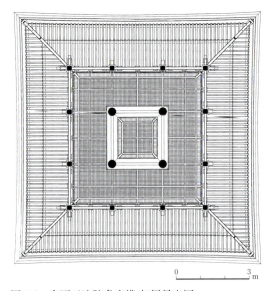

図 5-9　金剛三昧院多宝塔 初層見上図

初層部分は、1間四方のモヤの周囲を1間幅のヒサシが巡る堂の構成と近似している。

　続いて断面図をみると、初層の屋根はヒサシに該当する部分に設けられ、モヤに該当する中央4本の柱上部には束が密に立てられ、その上部に円形平面の2層目が乗せられている（図5-10）。特徴的な初層屋根上の亀腹は、カーブする厚板を側面に貼り付け、その表面に漆喰を塗って作られている。

　一方、2層目は、初層のモヤ上部に作られた円形平面の上に正方形の屋根を乗せるもの

図 5-11　金剛三昧院多宝塔 軒下

図 5-10　金剛三昧院多宝塔 断面図

図 5-12　根来寺大塔

である。この円形部分の直径は約2.2メートルしかないが、2層目屋根の軒長は約7メートルにも及ぶため、隅部分の軒の出は約4メートルにも達し、組物を4段に掛け出して支えている（図5-11）。

以上のように、金剛三昧院多宝塔は、モヤ－ヒサシ構造の堂を基本としながら、モヤの上部に新たな基礎面を設け、そこに2層目を組み上げるような構法を用いていて、2層目の円形平面上に深い軒を設けるため、多段の組物を採用している点に特徴がある。

■ 大塔の形式

一般的な多宝塔の初層は、金剛三昧院多宝塔のように3間であるが、より大規模なものも存在している。和歌山県岩出市の根来寺多宝塔（大塔）（15世紀末〜16世紀初期）は、その一例である（図5-12）。

根来寺多宝塔の初層は5間で、初層の平面図をみると、中央に4本の柱が立つのは金剛三昧院多宝塔と同様であるが、その外側には円形に配された柱列があり、さらにその外側に側柱の列が並んでいる（図5-13）。構法の

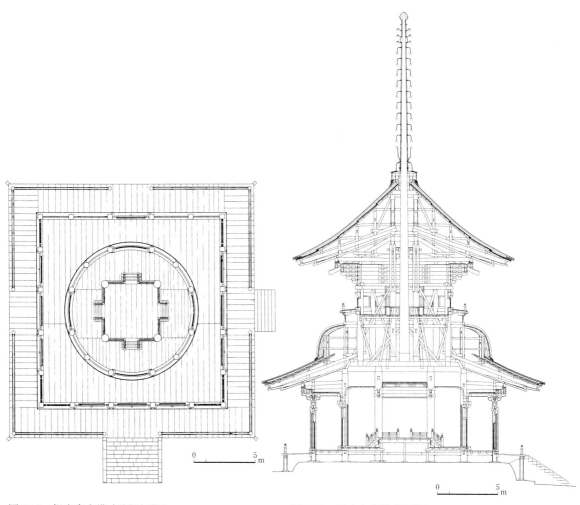

図5-13　根来寺大塔 初層平面図　　図5-14　根来寺大塔 断面図

考え方は金剛三昧院多宝塔とほぼ同じで、円形に配された柱列の上部に、2層目が櫓状に設けられている（図5-14）。この円形の柱列は、多宝塔の原型となった円筒部分が残存したもので、結果として、正方形と円形が組み合わさった内部空間となっているのは、他に類例が少ない（図5-15）。

図5-15　根来寺大塔 初層内部

コラム　層数の変更

　三重塔や五重塔の構法は、下層屋根の上に上層屋根を順次乗せるという考え方である。したがって、何らかの事情で上層屋根を乗せることをやめてしまっても、その時点で一応建築として成立する。

　滋賀県愛荘町の**金剛輪寺三重塔**の現在の姿は一般的な三重塔と大きく異なるものではない（図5-16）。しかし、1978年に行われた修理以前の姿をみると、現在と大きく異なっていることに驚くだろう（図5-17）。

　金剛輪寺三重塔は14世紀に建設されたが、18世紀以降に3層目が失われてしまった。修理以前の姿は3層目を欠いた状態である。そして、1978年に行われた修理の際に、初層・2層の部材から3層目を推定して三重塔に復原したのである。

　修理にあたっては、厳密な調査が実施され、かつての姿がほぼ確実に再現されている。しかし、3層目を新たに創り出したことの是非は今後も慎重に検討していかなければならない問題である。

図5-16　金剛輪寺三重塔（修理後）　　図5-17　金剛輪寺三重塔（修理前）

第Ⅲ章
農家と町家

　身の回りで入手可能な材料と技術だけを使って建設された民衆の住宅は、高度な構法で造られた寺社建築等の影響を受けてはいるが、独自な外観・内部空間・構法となっている。さらに同じ民衆の住宅でも、農民の住宅である農家と、商工人の住宅である町家は、大きく相違している。このうち農家建築は、茅葺の大屋根に覆われた外観と豪壮な梁組が頭上に架かる内部空間に特徴があり、町家建築は、強固な壁面や2階の発達などに特徴がある。こうした特徴はどのようにして生まれたのであろうか。本章では、この問いを念頭において検証していこう。

上：旧作田家住宅　　下：米谷家住宅

Ⅲ-1 農家建築の原型

■ 農家建築と先史の建築

　日本列島で農業が行われ始めた縄文・弥生時代から、農家建築は存在していたはずである。しかし、室町時代以前の農家建築はほとんど残っていない。さらに、数少ない江戸時代初期までの農家建築をみると、その構法は同時代の寺社建築とは大きく異なり、むしろ耐久性に欠けた先史の建築との類似点が多い。掘立柱を用いていた先史の建築から、どのような経緯を経て農家建築は生まれていったのだろうか。

■ 棟持柱の残存

　Ⅰ-1節でみたように、先史の建築は地中に固定される掘立柱を用いていて、その構法は伊勢神宮正殿などに継承されている。

　伊勢神宮正殿の構法は、棟と桁が、それぞれ別個に掘立柱の柱列で支えられていて、梁間方向の水平材を用いていない点に特徴がある（図1-1）。

　これと類似した構法は、各地に残る農家の附属家で確認できる。棟を支える棟持柱が独立して立つ川崎市立日本民家園内の材木小屋は、そうした事例の一つである（図1-2）。

　掘立柱は1本でも自立するという長所を持

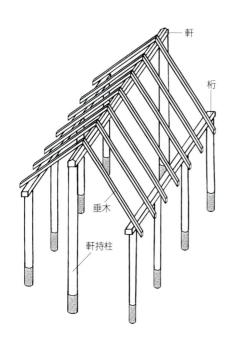

図1-1　伊勢神宮正殿 架構図

図1-2　棟持柱構造の材木小屋

つが、地表付近で腐朽してしまうので耐久性には欠ける。耐久性を高めるためには、地表に据えた礎石の上に柱を置けばよいが、この場合には柱は1本では自立しない。

そこで、梁を用いて複数の柱を水平方向で繋いで安定させ、梁の上部に束を据えて棟の重量を伝達する構法が考案される。しかし、梁だけで棟の重量を支えることへの不安感が残ったためか、棟の直下に柱列を並べる形式が農家建築には残存している。

福島県会津若松市の郊外に所在する旧滝沢本陣横山家住宅の主屋土間（にわ）は、1678年に建設された遺構である（図1-3）。

断面図から明らかなように、土間の中央には太い柱が立ち、その直上、梁を介して置かれた棟束が棟を支え、棟から桁に垂木を架け渡して屋根を支えている（図1-4）。この印象的な柱は、先史建築に特有の棟持柱が残存したものといえよう（図1-5）。

さらに、京都府南丹市美山町に所在する1650年に建設された石田家住宅の架構図を確認すると、ほぼ等しい長さの柱で構成された軸組を持つので、同時代の寺院建築の構法とも類似しているが、棟の直下には柱列が並んでいて、先史建築の影響を指摘できる（図1-6）。

■　垂木構造

伊勢神宮正殿は、地面から屋根面まで一体

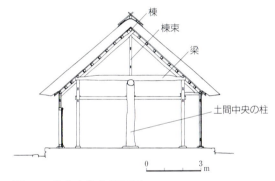

図1-4　横山家住宅 断面図

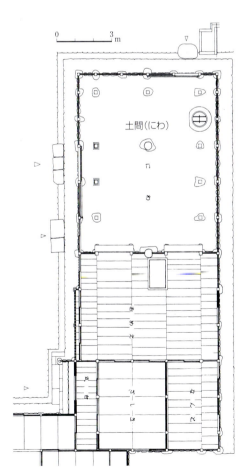

図1-3　横山家住宅 平面図

図1-5　横山家住宅 土間

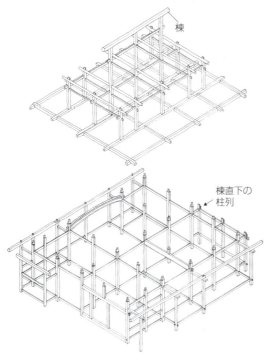

図1-6 石田家住宅 架構図（上：小屋組・下：軸組）

図1-7 堀家住宅

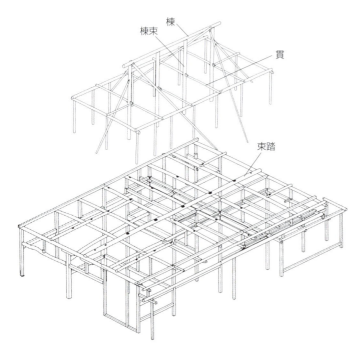

図1-8 堀家住宅 架構図（上：小屋組・下：軸組）

的な構造体であるから、厳密に言えば、梁の上下で軸組と小屋組に分離する旧滝沢本陣横山家住宅や石田家住宅とは異なっている。これは礎石立の柱と梁を用いて耐久性を高めた結果であり、おそらくは掘立柱を用いた耐久性の低い農家建築が、江戸時代以前には数多く建設されていたであろう。

しかし、旧滝沢本陣横山家住宅や石田家住宅では、棟と桁の直下に柱列が残り、さらに小屋組部分だけをみると、棟持柱に頼る伊勢神宮正殿とほとんど同じ形式となっている。17世紀以前に遡る古い農家建築の小屋組は、棟の直下に束を配するこうした構法を用いており、**垂木構造**と呼ばれている。棟持柱に頼る先史の構法は、農家建築の小屋組として長く残存したのである。

■ **垂木構造の小屋組**

奈良県吉野村の**堀家住宅**は、後醍醐天皇が滞在したという伝承を持ち、室町時代まで遡る可

能性がある最も古い時代の農家建築である（図1-7）。

その架構図をみると、等長の柱からなる軸組の上に乗る小屋組は、伊勢神宮正殿とほぼ同様の構法を用いている（図1-8）。ここで架構図を子細にみると、棟持柱が棟を支える棟束に変化したため、軸組の中央部分には棟束を置くための束踏が軸組の中央に配されている。また、棟束には左右の振れを止めるための貫が通されている。こうした束踏や貫は、1本で自立する掘立柱を用いる場合には不要であるが、軸組上に置かれているだけの垂木構造の小屋組には必要不可欠なものである。

垂木構造では、屋根の重量は棟束や束踏を介して、最終的には梁に伝達される。そのため、梁の中央部には大きな剪断力が加わるので、梁間方向の規模を拡張するためには、太い断面の梁が必要となる。

また、奈良県橿原市の**森村家住宅**（1732年）の小屋組内部から理解できるように、棟束が並ぶため、小屋組の内部を有効に利用することも不可能である（図1-9）。

■ 扠首構造

以上のように、垂木構造には、構造と空間の利用効率の両面で欠点がある。この欠点を克服したのが**扠首構造**の小屋組である。

岡山県北部の鏡野町に所在する**旧森江家住宅**は、18世紀前半まで遡る古い遺構である。梁間方向の断面図をみると、両端部と棟直下の3本の柱の上に乗る梁によって軸組を作っているが、その上の小屋組には棟束が存在していない（図1-10）。小屋組は、梁の両端から棟にむかって架けられた**扠首**と呼ばれる2本の斜材によって構成されている。このように、2本の扠首材が互いにもたれかかることで作られているのが、扠首構造の小屋組である。

扠首材の端部をみると、削りだして尖る下端部は梁材の上に置かれているだけで、上端部では一方の扠首材に穿たれた穴にもう一方の扠首材が入り込むようになっている。こうした端部の納まりは、ピンとして機能するこ

図1-9　森村家住宅 小屋組内の棟束

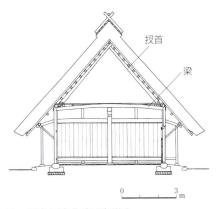

図1-10　旧森江家住宅 断面図

図 1-11　マタダテ小屋

図 1-12　マタダテ小屋 内部

少なくなる。また、小屋組の内部は一つの大空間となる。

こうした長所をもつために、扠首構造は垂木構造に代わって17世紀末期頃から普及を始め、18世紀以降の農家建築では一般的なものとなっている。

岐阜県白川村の**合掌造り民家園**内に所在する**マタダテ小屋**は、扠首構造の小屋組だけで構成されている建築である（図1-11・1-12）。マタダテ小屋は、家屋を失った際の仮住まいであり、迅速で簡便な施工が可能な扠首構造の長所を活かしたものといえよう。

■　モヤ材と追扠首

シンプルで合理的な扠首構造であるが、弱点も存在している。扠首材は梁の上に乗せられているだけの部材であるから、桁行方向には不安定で、将棋倒しに倒れてしまう危険性がある。

利根川の北畔部、茨城県稲敷市柴崎の**平井家住宅**は17世紀末期まで遡る最初期の扠首構造の遺構である。この建築の修理中の小屋組写真をみると、扠首構造が桁行方向に不安定

図 1-13　平井家住宅 修理中の扠首材

とを狙ったものであるから、扠首構造は最も簡単なトラス構造とみなすことができる。

トラスとして機能する扠首構造では、梁材と扠首材には剪断力はかからないので、部材の断面は細くても構わない上に、部材総数も

であることをよく理解できる（図1-13）。

　しかし、茅屋根を葺き終わると扠首構造の小屋組は安定する。それは、隣り合う扠首材の間を多数のモヤ材で繋いで、厚く茅を葺くことで屋根面の剛性が向上するからである。加えて、四隅から中央に向かって斜めに延びる追扠首（おいざす）も、安定度の向上に寄与している。なお、追扠首を用いれば、屋根形は必然的に寄棟か破風の小さな入母屋（いりもや）となる。農家建築で切妻屋根が希なのは、こうした小屋組の構法に由来するものである。

コラム　農家建築（のうかけんちく）の間取り

　日本の農家建築の大部分は、土間（どま）と床を貼った部分から構成されている。そして、この２つを別棟とする形式が全国各地に残っているので、本来は別々だった土間の建築と床貼りの建築が合体して、農家建築が誕生したと考えられている。そのため、農家建築の遺構を建設年代順に並べてみると、土間の規模と床上部の諸室の配置には時代的な特徴が確認できる。

　まず、土間の規模をみると、17世紀以前の農家建築では非常に広く、全体の半分程度であり、かつ厩（うまや）を内部に含むものが多い。しかし、18世紀以降には全体の３分の１程度になり、さらに、19世紀には４分の１程度まで縮小し、厩が消滅してしまう。

　次いで、床を貼った部分の構成をみると、２つの原型を確認できる。まず一つは、近畿地方の17世紀まで遡るような古い遺構にみられる前（まえ）ザシキ三間取りで、前方に大きな室、背後に２室を配するものである。もう一つは、全国に広く分布するヒロマ型三間取（みまど）りで、土間側に大きな室、逆側の前後に２室を配するものである（図1-14）。

　この２つの系譜は、18世紀以降に合体し、床上部が４室に分かれる四間取り（よまどり）が全国的に数多く作られ、さらに、畳敷の部屋を追加した六間取り（むまどり）も19世紀以降の大型農家建築では一般的なものとなっている。

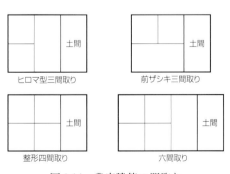

図1-14　農家建築の間取り

Ⅲ-2 上屋と下屋

■ 奥行規模と梁材

垂木構造の小屋組では、屋根の重量は棟から棟束を経由して梁の中央に伝達される。そのため、建築の奥行規模を拡張するには、太く長い梁材が必要である。しかし、豊富に採取できる木材を前提にすると、梁材の長さは6～7メートル程度が限界である。扠首構造の場合にはもう少しゆとりがあるが、やはり梁の長さには限界がある。

一方、農家建築の間取りをみると、奥行方向に2室を並べようとすれば、建築全体の奥行は長い方が都合がよい。Ⅲ-1でみた旧森江家住宅では（図1-10参照）、1本の梁が正面から背面まで架かるために奥行は6メートル弱にとどまり、結果として、奥行方向に2室並ぶ部分では、1室の規模が極めて小さくなっている。そこで、梁材の長さや太さに頼らないで、奥行の長さを拡大していくことが農家建築の課題となる。

■ 上屋と下屋

愛媛県松山市郊外の水田地帯に所在する豊島家住宅は、1758年に建設されたもので、二つの棟が交差する複雑な外観の建築である。

土間部分の断面図をみると、中央の高い部分は6メートル弱の梁が垂木構造の小屋組を支える構成となっているが、その両側に斜材を掛け出して支える部分を付け足して、奥行規模を拡張している（図2-1・2-2）。

この拡張手法は、古代の寺院建築でみられたモヤ－ヒサシに類似しているが（Ⅰ－2節参照）、農家建築では、梁が架かる中央の高い部分を上屋、両脇に付け足された低い部分を下屋と呼び、この二つを組み合わせた架構法を上屋下屋構造と呼んでいる。

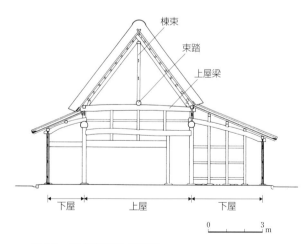

図2-1　豊島家住宅 断面図

図2-2 豊島家住宅 土間

　豊島家住宅の土間では、上屋と下屋の屋根勾配が異なるために、内部空間に段差が生じている。しかし、一般的な上屋下屋構造では、屋根勾配を揃えて上屋と下屋を一体化している。

図2-3 箱木家住宅

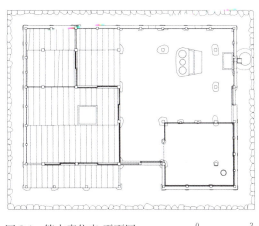

図2-4 箱木家住宅 平面図

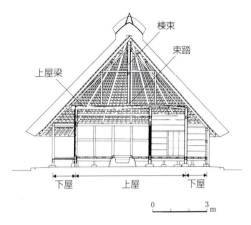

図2-5 箱木家住宅 断面図

図2-6 箱木家住宅 内部

■ **千年家の構法**

ここで、上屋下屋構造の実際を古い時代の遺構から確認してみよう。

千年家という別名を持つ神戸市の**箱木家住宅**は、低い軒・土壁で覆われた閉鎖的な外観・チョウナで荒々しく加工された柱などの特徴を持ち、日本最古の農家建築と考えられている（図2-3）。

間取りは前ザシキ三間取り型であるが、奥行が約8.5メートルあるために、奥の2室の規模は小さくない（図2-4）。ここで、梁間方向の断面図をみると、約6メートルの梁材が架かる上屋の前後に、約1メートルの下屋を取り付けて軸組を作り、上屋の上方に垂木構造の小屋組を乗せ、その屋根を下屋まで延長していることが確認できる（図2-5）。このように上屋下屋構造は、長く太い梁材を用いることなく、建築の奥行規模を拡張できるものである（図2-6）。

Ⅲ－1節でみたように、垂木構造の小屋組は桁行方向のフレームから構成されている。一方、上屋下屋構造の軸組は、梁間方向のフレームが優先されている。このように小屋組と軸組のフレームの向きが90度回転している点は、初期の農家建築の特徴といえよう。

■ **四方下屋**

続いて、広島県北部の中国山地に所在する**旙山家住宅**をみてみよう。

旙山家住宅の建築年代は18世紀初期と推定されており、箱木家住宅と似た上屋下屋構造を採用している。架構図から理解できるように、下屋は建築の前後、梁間方向のみではなく、建築の側面つまり桁行方向にも付加している（図2-7）。このように、梁間方向を優先して形成される上屋の軸組フレームが桁行方向に並び、その四方に下屋を付加していく構法は**四方下屋**と呼ばれるもので、全国的に普及している（図2-8）。

上屋下屋構造は、良材に頼らずに建築の規模を拡大するのに有効な方法であるが、内部空間に上屋の柱が独立して立ってしまう。箱木家住宅や旙山家住宅の場合には、床上部の

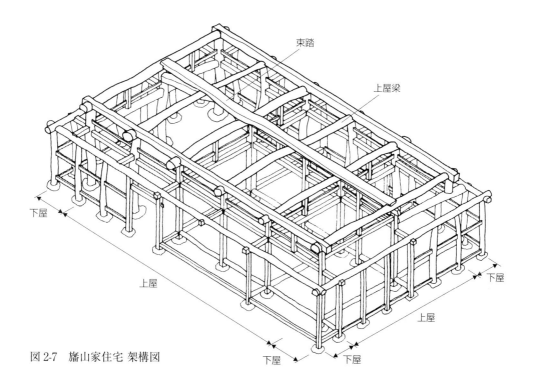

図2-7 旛山家住宅 架構図

正面側では下屋を縁側としているので目立たないが、土間や奥側の室内には上屋の柱が独立して立ち（図2-9）、岩手県奥州市の旧後藤家住宅では、土間の三方に独立柱が林立している（図2-10）。

内部空間に上屋柱が独立して立つことは好ましいことではない。そこで、上屋下屋構造をベースとしながら、内部空間に独立して立つ上屋柱を除去していくことが、農家建築の構法的な課題となっている。

■ 独立柱の除去

旧真野家住宅は、広島県中央部の世羅町から広島県立みよし風土記の丘に移築された農家建築で、その建設年代は17世紀末期と推定されている。

図2-8 旛山家住宅 内部（土間）

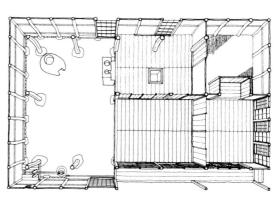

図2-9 旛山家住宅 透視図

113

図 2-10　旧後藤家住宅 内部（土間）

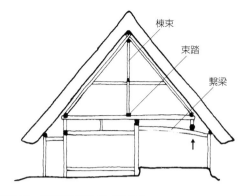

図 2-11　旧真野家住宅 断面図

旧真野家住宅の構法の基本は、上屋下屋構造の軸組に垂木構造の小屋組を乗せるものである（図2-11）。しかし、断面図の右側をみると、↑で示した上屋梁右端部の直下に上屋柱は無く、この位置に立つはずの上屋柱は建物中央付近に移動し、この柱と下屋柱の間に繋梁が架けられ、その上に立つ束が上屋梁の右端を支えていることを理解できる。

つまり、旧真野家住宅では、梁間方向に繋梁を挿入して、上屋柱を建物中央付近に移動しているのである。この移動した上屋柱が立つのは建物中央で、ここは部屋の境界線に合致しているから、室内に独立して立つ柱は除去されているのである。

■ 桁行方向の梁の利用

続いて、香川県さぬき市（旧大川町）に所在する旧恵利家住宅をみてみよう。梁間断面図と内部写真から理解できるように、土間と床上部の境界には、上屋梁の両端に上屋柱が立っている（図2-12・2-13）。しかし、土間の内部では、上屋柱から桁行方向に延びる梁と、上屋の中央を貫通する桁行方向の梁を用いて、土間の内部に独立して立つはずの上屋柱を除去している。

次いで、茨城県の霞ヶ浦北側に立地する椎名家住宅をみてみよう。この農家建築は、墨書によって1674年という建設年代が明確な遺構である。

床上部の透視図から理解できるように上屋

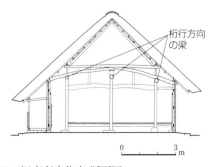

図 2-12　旧恵利家住宅 断面図

図 2-13　旧恵利家住宅 内部

下屋構造を採用しているが、上屋の梁が上屋柱よりも外側に突き出ている点に特徴があり、床上部のヒロマ内部には上屋柱が独立して立っている（図2-14）。一方、内部写真をみると、土間部分では、上屋柱から桁行方向に延びる梁が架けられ、その梁の上に束を立てて上屋梁を支えることで、独立して立つはずの上屋柱を除去している（図2-15）。

以上のような桁行方向に架けられた梁を用いて、独立して立つはずの上屋柱を除去する手法は各地の農家建築で用いられている。

■　チョウナ梁の利用

一方、蔵王連峰の西山麓に所在する山形県上山市の旧尾形家住宅では、少し異なる手法で上屋柱を除去している。

旧尾形家住宅は、中門造と呼ばれるL字型の平面を持つ形式で、板貼りのヒロマは正面から背面まで一続きの大空間となっている。その内部写真をみると、右端に太い上屋柱が独立して立っているが、この柱以外には、ヒロマの内部に独立して立つ上屋柱は見当たらない（図2-16）。

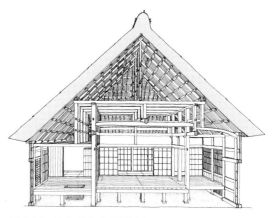

図2-14　椎名家住宅 透視図

図2-15　椎名家住宅 内部

旧尾形家住宅では、端部で下方に湾曲する上屋梁を用いている。この湾曲した梁は**チョウナ梁**と呼ばれ、写真右側奥では、チョウナ梁が下方に曲がり始める位置で小屋組の扠首材を支え、下方に降りきった位置で下屋の柱に接続している。また写真左側では、桁行方向に延びる梁と梁間方向に延びるチョウナ梁を組み合わせて上屋柱を除去している。このように、チョウナ梁は材料の湾曲を利用して上屋と下屋を一体化するものである。

■ **農家建築の梁組**

本来の上屋下屋構造は梁間方向のフレームが優先するもので、梁の役割は屋根の重量を柱に伝達することにあった。そのために桁行方向の梁の役割は限定的で、梁間方向のフレームを桁行方向に繋いで安定させる役割しか担っていなかった。

しかし、内部空間に独立して立つ上屋柱を除去ないしは移動するために、梁の役割は大きく変化している。旧真野家住宅では、梁間方向の繋梁を用いて柱を移動し、旧恵利家住宅や椎名家住宅では、桁行方向の梁を用いて柱を移動し、さらに、旧尾形家住宅では梁間方向のチョウナ梁と桁行方向の梁を合わせて用いることで柱を除去しているのである。

このように、独立して立つ上屋柱の除去という内部空間の要求から、桁行方向の梁は発達し、縦横に梁が架かる農家建築特有の内部空間が出現したのである。

図 2-16　旧尾形家住宅 内部

コラム　もう一つの農家建築

　江戸時代に一般化する農家建築の構法は、上屋下屋構造と扠首構造を基本として展開している。しかし、中世以前に遡る農家建築には、これとは異なるものも存在している。

　その一つが、Ⅲ－1節で紹介した石田家住宅や堀家住宅で、均等な長さの柱で作られた軸組には、高い上屋と低い下屋という対比は見られない。堀家住宅の小屋組は、先史の建築と近似した垂木構造であるが、軸組の方は、近世の堂と近い考え方で作られている。

　静岡県伊豆の国市の江川家住宅は、建築全体としては17世紀以降に降るが、一部に中世の建築部材が残る特殊な遺構である。

　その土間部分をみると、軸組は堀家と同様に均等な長さの柱から構成され（図2-17）、小屋組も稠密に立つ束が水平方向の貫によって固められる和小屋となっている（図2-18）。

　堀家や江川家は戦国期以前に遡る地侍の家系であり、上屋下屋構造が発達する以前に、寺社建築の堂や貴族住宅の影響を受けながら作られたものとみなすことができよう。

図 2-17　江川家住宅 内部　　　　　　　　　　　　図 2-18　江川家住宅 土間見上

III-3 農家建築の空間

■ 独立柱除去の進展

横浜市都筑区の**関家住宅**は、堀家や江川家と同様に、戦国期には地侍だった家系の住宅で、建設時期も17世紀前半以前に遡る。

土間と床上部境界の梁間断面図から理解できるように、関家住宅の構法は明快な上屋下屋構造である（図3-1）。上屋のスパンは約5.5メートル、下屋のスパンも約1.8メートルであるため、奥行規模は9メートルを越している。しかし、上屋柱が残るのは各室の境界線のみで、土間・床上部ともに内部空間には独立して立つ上屋柱は見当たらない。

ここで、床上部の梁間断面図をみると、前後の室の境界に相当する棟の直下に柱を立て、そこから下屋柱との間に繋梁を架けて上屋柱を除去している（図3-2）。これは、III-2節でみた旧真野家住宅と同じ手法である。一方、土間部分では、桁行方向に太い梁を架け、その梁と下屋柱の間に繋梁を架け渡して上屋柱を除去している（図3-3）。これはIII-2節の旧恵利家住宅と同じ手法である。

こうした構法を用いることで、関家住宅は上屋下屋構造をベースとしながらも、屋根の重量は、梁を介して各室の境界線に並ぶ柱と下屋柱に全て集約され、結果として室内に独

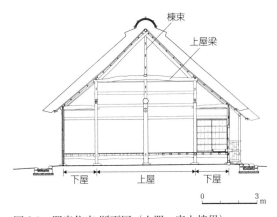

図3-1　関家住宅 断面図（土間・床上境界）

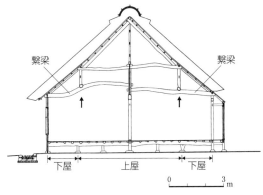

図3-2　関家住宅 断面図（床上部）

図3-3　関家住宅 内部（土間）

立して立つ柱は全て除去できる（図3-4）。

■　構造体のブロック化

　山梨県身延町（旧下部町）の山間に所在する門西家住宅も、約5.5メートルスパンの上屋の前後に約1.8メートルの下屋を取り付け、上屋の上方に扠首構造の小屋組を乗せる上屋下屋構造を基本としている（図3-5）。

　しかし、桁行断面図と架構図から明らかなように、下屋柱の上端位置を基準として、梁間・桁行の両方向に太い梁が縦横に架けられ、上屋柱に相当する位置に立つ柱も、その梁の位置で切断されている（図3-6・3-7）。

　門西家住宅の構法の考え方は、上屋下屋構造を念頭に置きながらも、実際の構造や施工の順序を少し異なるものにしている。

　すなわち、下屋の高さに揃えた等長の柱を側面と室境界に並べ、それらを縦横に梁で繋いで軸組の下側を作り、その上に上屋に相当する部分の軸組を乗せる手法が用いられているのである。この手法によって、独立して立つ上屋柱は消滅し、屋根の重量は全て室の境界に立つ柱と側面の下屋柱によって支えられることになる。

　このように、18世紀以降の農家建築では上屋と下屋の構造的な対比は薄まっている。間取り上の室の配置を優先し、その境界線と側面に柱を集中的に配置する架構方法が一般化しているのである。その結果、軸組部分は各室を単位とする構造ブロックが集合した構成となっている。

■　室内空間の高さの操作

　埼玉県小川町の比企丘陵に所在する吉田家

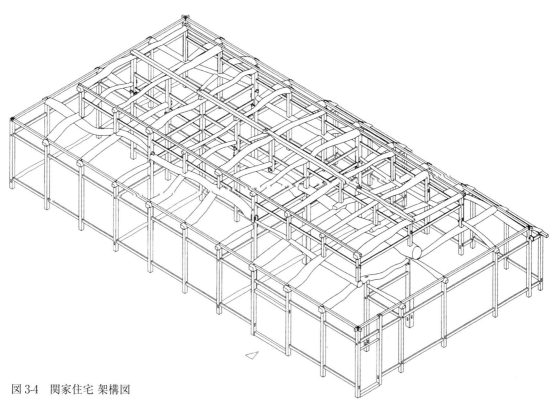

図3-4　関家住宅 架構図

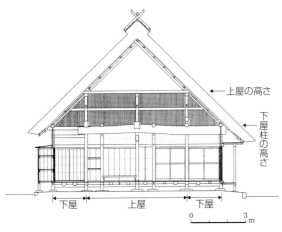

図3-5　門西家住宅　断面図（梁間方向）

住宅は1721年に建設された農家建築である。

梁間方向の断面図から、吉田家住宅は、約6.6メートルの上屋を中心にして、前方に約1.2メートル、後方に約1.9メートルの下屋を付加したものとみなせる（図3-8）。さらに内部アクソメ図から、全体は4つの構造ブロックに分割され、それぞれ高さの異なる位置に縦横に梁が架けられていることを理解できる（図3-9）。

これらの構造ブロックが作り出す空間をみると、左端の部分では、下屋柱高さの位置に

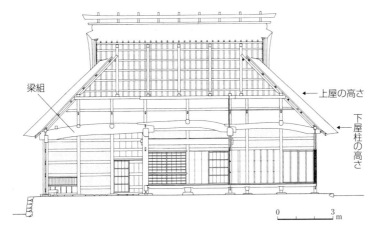

図3-6　門西家住宅　断面図（桁行方向）

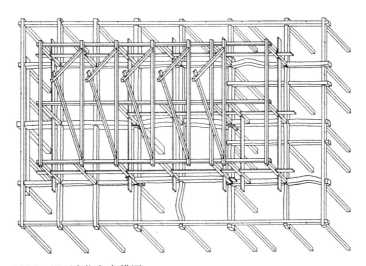

図3-7　門西家住宅　架構図

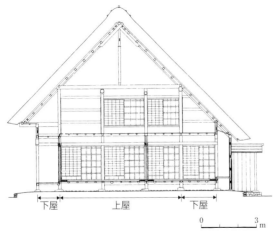

図 3-8 吉田家住宅 断面図（梁間方向）

図 3-10 吉田家住宅 内部（土間）

床を設けて上下2階に分割している。その右側のヒロマでは、高い位置に太い梁を架けて頭上に見せ、ヒロマに接した土間も同様に頭上に太い梁を見せているが、その位置はヒロマよりも低くなっている。そして、右端の土間部分では、さらに低い位置に細めの梁を架けている（図3-10）。

18世紀以降の農家建築を17世紀のものと比較すると、軸組を高くして軒高を高めて、開口部を大きくした開放的なものとなっている。これは採光や通風を考慮したためである。吉田家住宅の上屋のフレームも約5.5メートルにも及ぶ高いものである。このように高い軸組を設けた上で、構造のブロック化が進捗

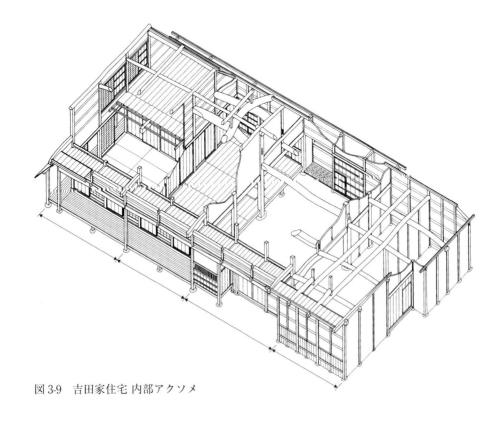

図 3-9 吉田家住宅 内部アクソメ

すれば、梁を入れる高さの自由度は高まり、中2階を内部に挿入できる他に、梁の位置を変えて内部空間を演出することも可能となる。

ただし、軸組を高くして壁面を減じると、構造的には弱くなるので、荷重が集中する室の境界線や側面では補強が必要となってくる。そこで多用され始めるのが指物で（Ⅲ-5節参照）、吉田家住宅では、各室の境界線で床下及び下屋柱の上方の2ヶ所に指物を入れて補強している（図3-11）。

■ 見せる構造

続いて、千葉県九十九里から川崎市立日本民家園へ移築された旧作田家住宅をみると、梁組による内部空間の演出を確認できる。

旧作田家住宅は、17世紀後半に建設された床を貼る主屋と18世紀後期の土間の2棟から構成されている（図3-12）。

このうち、主屋の梁間断面図をみると、中央の約5.7メートルスパンの部分が上屋に該当し、その前後に下屋が付く構造を基本としていることが確認できる（図3-13）。上屋梁が上屋柱の位置よりも外側に掛け出しているのは、Ⅲ-2節でみた椎名家住宅と同様である。そして、柱を貫や指物で固め、高い位置

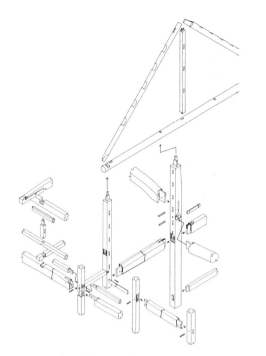

図3-11 吉田家住宅 継手仕口詳細図

図3-12 旧作田家住宅

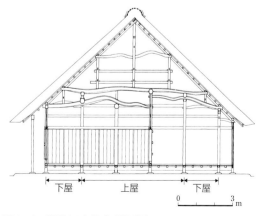

図3-13 旧作田家住宅 断面図

図3-14 旧作田家住宅 内部

に梁を縦横に架けて、上屋柱を除去しているのは、関家住宅や吉田家住宅と同様である。

しかし、上屋柱を除去するために縦横に架け渡された梁は大きく湾曲し、その湾曲を利用して互い違いに編み込むようになっている。こうしたデザインは農家建築に特有のもので、内部空間を演出する上で大きな効果を発揮している（図3-14）。

次いで、愛媛県松山市の渡部家住宅をみてみよう。1866年に建設された渡部家住宅の主屋は基本的には瓦葺で、農家建築であることを示すように棟の一部に少しだけ茅葺屋根が乗せられている（図3-15）。

梁間断面図をみると、構造は約6メートルスパンの上屋の前後に下屋を付加したもので、Ⅲ－2節でみた豊島家住宅の土間と類似している（図3-16）。しかし小屋組は、農家建築で一般的な垂木構造や扠首構造ではなく、直材の太い梁を互い違いに重ねて作るもので、上方を見上げた際には、縦横に交互に並ぶ木太い梁材が印象的である（図3-17）。

農家建築では、寺社建築のような装飾的な細部は用いられない。しかし、構造的に意味を持つ梁材を用いて、内部空間を豊かなものにする試みが様々な形で行われている。旧作田家住宅と渡部家住宅の梁組は、見せる構造ともいうべきものであり、江戸時代の後半以降、豪農と呼ばれた上層農家の住宅で特に発達したものである。

■　小屋組の活用

梁組を用いた上屋柱の除去と構造のブロック化という軸組の工夫は、18世紀に日本全国で進展している。一方、これとほぼ同時期に小屋組においても新たな展開が確認できる。

Ⅲ－1節でみたように、18世紀以降のほとんどの農家建築は、扠首構造の小屋組を採用するため、小屋組内部に空間が生じている。この空間を活用するために、小屋組にも新たな構法が導入されているのである。

こうした小屋組の変化を促したのは、全国

図3-15　渡部家住宅

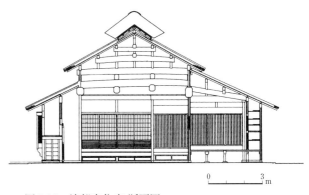

図3-16　渡部家住宅 断面図

図3-17　渡部家住宅 内部

図3-18 渋谷家住宅

図3-19 渋谷家住宅 小屋組内部

の農村部で進展した商品作物への対応で、中でも養蚕業の果たした役割が大きい。

山形県中央西側の朝日村から鶴岡市の致道博物館に移築された旧渋谷家住宅は1822年に建設されたもので、高八方と呼ばれる屋根形式を最大の特徴としている（図3-18）。

高八方は、屋根の端部で軒を切り上げると同時に、屋根の傾斜面に大きな開口部を設けて、扠首構造の小屋内部への通風と採光を行っているものである（図3-19）。こうした工夫によって、小屋組内部に養蚕用の蚕棚を設けることが可能となっている。

■ 合掌造

富山県と岐阜県の県境付近、越中五箇山と飛騨白川郷に分布する合掌造も、養蚕業に対応して生まれた形式である。

合掌造の最大の特徴は、屋根を切妻とし、その妻面を開口部としている点にある（図3-20）。扠首構造では、梁間方向の安定度は高いが、扠首組が桁行方向に将棋倒しになる危険性がある。そのため屋根の両端部では、内側に傾斜した追扠首を入れて、寄棟屋根か入母屋屋根とするのが通常の構法である。

ところが、合掌造では、扠首組が倒れるの

図3-20 明善寺庫裏

図3-21 明善寺庫裏 小屋組内部

図3-22 明善寺庫裏 アマ

を防ぐために、扠首組の間をハネガイと呼ばれる斜材で繋いで安定させて、切妻屋根を作っている（図3-21）。そして、小屋組の内部を上下に区切って、アマと呼ばれる蚕棚が並ぶ空間とし、切妻屋根の両端部から採光・通風を行っているのである（図3-22）。

このように合掌造は、扠首構造の小屋組（こやぐみ）の中で、最も進化した究極形ともいえるものとなっている。

コラム　大黒柱（だいこくばしら）

　農家建築を構成する柱や梁といった部材は、屋根の重量を支えるための構造材である。

　しかし、これらは構造材としての役割以外の役割も担っている。例えば、前に述べたように、梁材は空間演出のためにも用いられ、柱は室の境界を作り、建具を嵌めるための部材でもある。

　さらに、柱には文化的な意味も大きい。中でも、「一家の大黒柱」のように比喩的な意味にも用いられる**大黒柱**は、農家建築を構成する各種の部材の中でも最も有名なものであろう。

　地方によって、大黒柱と呼ばれる柱の位置にはかなり相違があるが、土間とヒロマの境界部に立つ最も太い柱を指す場合が多い（図3-23）。この位置は、構造ブロックの境界に該当し、上屋柱を除去するための梁が架かるために、屋根荷重が集中する場所である。

　こうした構造上の重要性から、農家建築にとって最も重要な部材と認識され、それが転じて家を守る存在として信仰の対象となり、大黒柱という名前が付けられたのである。

図3-23　大黒柱（旧吉野家住宅・徳島県由岐町）

Ⅲ-4 町家建築の原型

■ 町家建築の2つの系譜

都市に所在する町家建築は、高密度な都市環境に対応するために、街路に面して間口を並べて建つものである。

ここで、各地に残る町家建築をみると、そこには異なる構法を用いる2つの系譜が存在していることに気付く。

一つは京町家型と呼ばれるもので、京都という都市を基盤として誕生したものであるが、京都以外でも各地の城下町や宿場などにも広く普及している（図4-1）。もう一方は在郷町家型と呼ばれているもので、農村地帯の中で段階的に都市化していった在郷町や港町に分布し、農家建築との類似性が高いものである（図4-2）。

本節では、この2つのタイプの町家の構法を検討してみよう。

■ 京町家型

京都市北方の鞍馬に所在する瀧澤家住宅は、1760年に建設されたもので、京町家型の特徴を完備している（図4-3）。

その平面図をみると、間取りは、片側に寄せてトオリドマ（トオリニワ）と呼ばれる細

図4-1　京町家型（祇園新橋）

図4-2　在郷町家型（大内宿）

図4-3　瀧澤家住宅

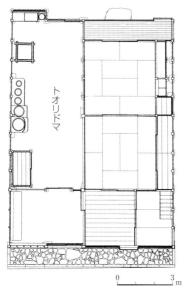

図 4-4　瀧澤家住宅 平面図

長い土間を正面から奥まで通し、もう片方には床を貼って 4 室に分割している（図4-4）。

　瀧澤家住宅では、両側面に基礎から屋根面まで達する**通柱**(とおしばしら)を半間おきに密に並べ、その柱列の間に**貫**(ぬき)を通して強固な壁体としている（図4-5）。そして、この両側面の壁体の間を繋ぐように桁行方向に水平材を架け渡し、同様にモヤ材を両側面上部に置いて屋根を葺いている。このように、京町家型の構法は強固な側面の壁体に強く依存している点に最大の特徴がある。

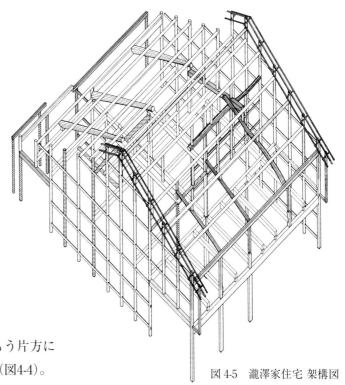

図 4-5　瀧澤家住宅 架構図

図 4-6　藤岡家住宅

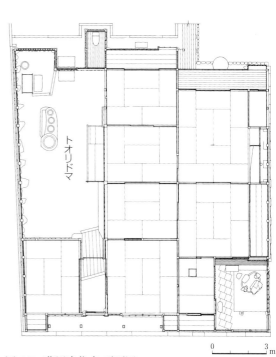

図 4-7　藤岡家住宅 平面図

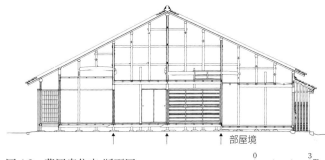

図4-8　藤岡家住宅 断面図

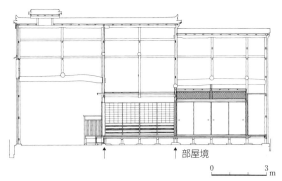

図4-9　藤岡家住宅 断面図（桁行方向）

図4-10　旧井岡家住宅 トオリドマ

図4-11　旧生方家住宅

　奈良市元興寺町の**藤岡家住宅**も京町家型の遺構である（図4-6）。その間取りは、瀧澤家住宅の構成に床上部をもう1列足して計3列としたものである（図4-7）。2枚の断面図から理解できるように、藤岡家住宅の構法は、間取りを3列に区切る部屋境と両側面に通柱を稠密に並べて固め、その間に細い梁を桁行方向に架けて屋根を設けるものである（図4-8・4-9）。

　瀧澤家住宅と藤岡家住宅は、ともに街路に向かって軒を見せる平入の建築で、街路側から敷地の奥に向かうラインによって土間と床上部分を分けている。この境界と両側面の壁体に大きく依存しているため、内部の架構は貧弱で梁材も細くなっている。同じく京町家型に属する**旧井岡家住宅**（奈良市高畑町から川崎市立日本民家園に移築）のトオリドマの写真をみると、前節までにみた農家建築の木太い梁組と大きく相違していることに気付くだろう（図4-10）。

　こうした構法を用いる京町家型は、敷地奥行方向の水平力に対しては比較的強固であるが、間口方向の水平力に対しては脆弱である。しかし、街路に沿って町家が隙間無く並べば、隣り合う町家が互いにもたれかかりあうために大きな問題とはならない。

　京町家型は、**鰻の寝床**と呼ばれるような狭い間口と長い奥行を持つ敷地の中に、隣家が互いに接して建つことを前提とした形式である。そのために、両側面には大きな開口部を設ける必要はなく、側壁に依存する構法を用いることができるのである。

■ 在郷町家型

　京町家型は、間取りと構法の両面で際だった特徴を有するために、各地に残る遺構は画一的である。一方、在郷町家型は、周辺の農家建築と深い関わりをもつため、地域性が強くバリエーションが豊富である。

　そこで、在郷町家型の一例として、群馬県沼田市上之町から沼田公園に移築された旧生方家住宅をみてみよう。

　旧生方家住宅は、京町家型とは異なる妻入で（図4-11）、間取りも、農家でみられるヒロマ型三間取りを基本として、その前後を延長したような形式となっている（図4-12）。

　架構図をみると、側面に半間毎に柱を並べているので、一見しただけでは両側面を固める京町家型と類似している（図4-13）。しかし、この柱列の高さは桁の位置に止まっていて、屋根の重量は、柱と梁によって構成される内部の軸組と、その上に乗せられた和小屋の小屋組によって支えられている（図4-14）。

　続いて、寺内町として有名な奈良県橿原市今井町の旧米谷家住宅をみてみよう。

　旧米谷家住宅は18世紀中期に建設されたもので、平入の外観は白漆喰で覆われ、間口は非常に広い（図4-15）。全体のほぼ半分にも及ぶ広い土間は、明らかに京町家型のトオリドマとは異質なもので、土間側の側面壁には

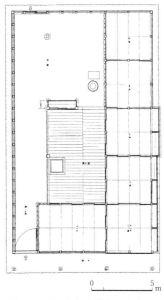

図4-12　旧生方家住宅 平面図

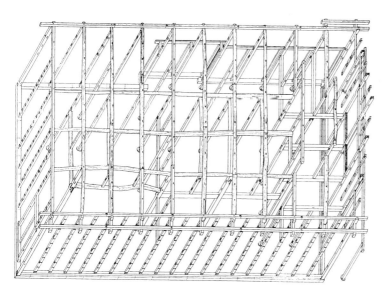

図4-13　旧生方家住宅 軸組架構図

図4-14　旧生方家住宅 内部の軸組

図4-15　旧米谷家住宅

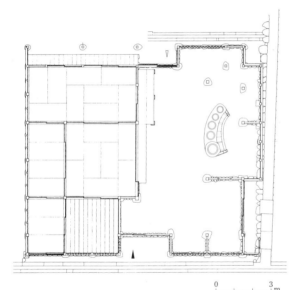

図4-16　旧米谷家住宅 平面図

凹凸が付けられている（図4-16）。

柱と梁からなる軸組（じくぐみ）とその上に乗る和小屋（わごや）の小屋組（こやぐみ）から構成され、背面側には、農家建築の下屋（げや）と同じ手法で屋根を延長していて、屋根まで達する通柱は用いていない（図4-17）。そのため内部空間には梁組が印象的に露出している（図4-18）。

以上のように、旧生方家住宅と旧米谷家住宅は、間取りと構法の両面で、京町家型とは明らかに異なるものとなっていて、むしろ農家建築（のうかけんちく）との類似性が強い。

旧生方家住宅が所在した沼田や旧米谷家が所在する今井町は、周囲を農村部に囲まれた比較的小型の都市である。こうした都市では、稠密な敷地条件を前提とした京町家型の町家建築を建設する必然性はなく、周辺農村部に展開していた農家を参照して町家が建設されたと考える方が自然といえよう。

■　2つの系譜の合流

以上のように、町家建築には2つの系譜が存在している。しかし、都市の発展に伴ってこの2つの系譜は合流していく。その最初期の遺構が、広島県東広島市白市の旧木原家住宅（きはらけじゅうたく）である。

旧木原家住宅には、1665年の篦書（へらがき）がなされた瓦が用いられており、若干の疑義もあるが、この時期に建設されたものと考えられている。

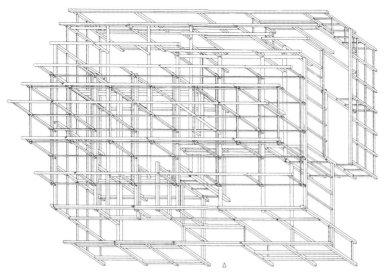

図 4-17　旧米谷家住宅 架構図

図 4-18　旧米谷家住宅 内部（土間）

　その外観は、広い間口を漆喰で塗込める重厚なもので（図4-19）、旧米谷家住宅と同様に広い土間を持ち、土間に面して板敷の大空間を設け、側面にも出入口を持つので、京町家型の系譜とは明らかに異質である（図4-20）。

　しかし、2枚の断面図をみると、密に柱を配した強固な側壁を持ち、室の境界には屋根面まで達する通柱(とおしばしら)が配されて、直接屋根を支えていることがわかる。こうした特徴は京町家型と類似している（図4-21・4-22）。一方、間口が広いために柱は太く、梁や指物(さしもの)を用いて柱を省略している点は農家建築と類似している。そして、柱の少ない広々とした内部空間の上方に、印象的な太い梁組を見せる点も農家建築に近い（図4-23）。

　以上のように、旧木原家住宅は京町家型の構法をベースとしながらも、農家的な間取り

図 4-19　旧木原家住宅

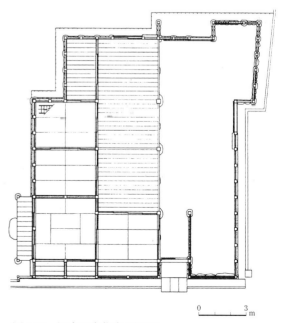

図 4-20　旧木原家住宅 平面図

と柱梁の軸組構法を加えたものとみなせる。

京町家型の架構はシンプルで施工も容易であるが、そのままでは大型化は難しい。そこで、内部に柱梁の構造体を加えて、間口の大きな大型の町家建築に対応する試みが行われるようになったと推定できる。こうした構法は、江戸時代中期以降の大型町家に普及していくものである。

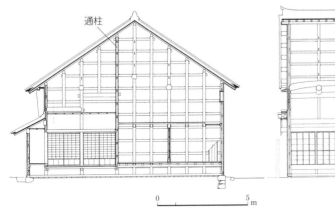

図 4-21　旧木原家住宅 断面図（梁間方向）

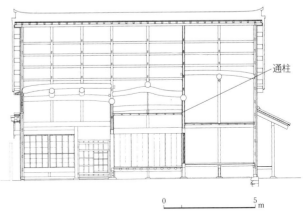

図 4-22　旧木原家住宅 断面図（桁行方向）

図 4-23　旧木原家住宅 内部

コラム　町家建築の間取り

　農家建築の間取りは、時代による変化があるためにバリエーション豊かなように思えるが、ヒロマ型三間取りや四間取りが全国に普及していることからわかるように、各時代毎には全国的に比較的画一で、地域性は強くない。

　町家建築についても、全国に分布する京町家型は画一的で、トオリドマと床上部1列から構成されるものが多く、さらに床上部分も、街路に面した**ミセ**（図4-24）、中央に位置する**ヒロマ**（**ダイドコロ**，図4-25）、背面側の**ザシキ**、の3つの空間に分割されるのが一般的である。

　このうちトオリドマは、天井を貼らないために小屋組が露出する高い空間で、上方に換気や採光のために高窓を設けていることが多い。商業などに用いられるミセは、街路に対して開かれた空間で、奥側のヒロマとの境界を閉鎖的にし、内部には低く天井を貼ることが多い。日常生活に用いられるヒロマはトオリドマと一体化した空間で、天井は貼らない場合が多く、接客空間であるザシキは、敷地奥側の中庭に対して開き、畳敷で床の間などを設けることが多い。

　在郷町家型の場合には、京町家型ほど画一的ではなく、様々な類型が存在しているが、京町家型よりも広い土間と、土間に面して広い板敷の部分を設ける場合が多い。

　京町家型と在郷町家型で相違はあるが、どちらの場合にも、内部空間を構成する諸室が異なる空間的な特質を持っている点は共通している。

図4-24　ミセ（旧井岡家住宅）

図4-25　ヒロマ（旧井岡家住宅）

Ⅲ-5 町家(まちや)建築(けんちく)の高層化(こうそうか)

■ 都市密度の向上

　江戸時代の都市では、その全期間を通じて都市密度の向上が図られている。

　都市密度向上の第1段階は敷地の有効利用で、限られた敷地の中でいかにして建坪を大きくとるかが課題となる。この課題への解答となったのが京町家(きょうまちやがた)型で、敷地の間口一杯に町家を建て、トオリドマを用いて敷地奥への通路を獲得する間取りは合理的である。

　続く第2段階が高層化で、18世紀中期以降に2階の拡充が顕著となっている。本節では、この高層化のための構法について検討してみよう。

■ 簡便な2階

　町家建築の高層化の最も簡便な手法は、1766年に建設された長野県佐久市望月宿の真山家住宅(さなやまけじゅうたく)から確認できる。

　外観写真から明らかなように、真山家住宅は低い2階建てである（図5-1）。しかし、正

図5-1　真山家住宅

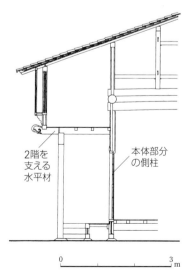

図5-2　真山家住宅 断面図（正面部分）

面部分の断面図をみると、2階建てとなっているのは街路側の一部分のみである（図5-2）。その構法は、建築の本体部分の側柱から街路側に向かって水平材を延ばし、その下方を柱で支え、上方には水平材の端に束を立てて本体部分から延長される屋根を支えるというもので、本体部分を建設した後に街路側から付け足したようになっている。

町家建築の正面部分に、本体部分に付加したような小屋根を設ける事例は数多く、Ⅲ-4節でみた瀧澤家住宅や旧木原家住宅でも確認できる。真山家住宅の正面側は、この小屋根の部分のみを2階建てとしたものとみなすこともできよう。

こうした方法以外にも、瀧澤家住宅のように、建築全体を高くした上で、街路側のミセの天井を荷重に耐える強固なものとして2階を設けるつし二階もよく見られる。

以上のような簡便な2階建てを経た後に、18世紀後半以降に、本格的な2階建ての試みが開始されていく。

■ 登り梁の使用

大橋家住宅は、江戸幕府の直轄都市であった岡山県倉敷市の中心部に建つ町家建築で、1796年に建設された主屋は、街路から少し奥まった位置に建てられている（図5-3）。

その構法は、半間毎に立つ通柱を用いて側面の壁体を強化した上で、内部に豪壮な梁組を用意するもので、Ⅲ-4節でみた旧木原家住宅に類似している。ただし、低いつし二階を設けるだけの旧木原家住宅に対して、大橋家住宅の2階は本格的なものである。

大橋家住宅の大屋根は、束を並べる和小屋ではなく、正面側と背面側から棟に向かって斜めに架け渡された登り梁を用いている。これによって内部空間の高さを確保して、居室として用いることが可能な2階を造っているのである（図5-4・5-5）。

登り梁を用いれば、限られたスペースを有効に利用できるが、登り梁の下方端部に該当する軒下をしっかりと固定しないと屋根が倒壊してしまう。軒下部分を漆喰塗の強固な壁としているのは、このための工夫である。

さらに、大橋家住宅では別の構法的な工夫

図5-3　大橋家住宅

図5-4　大橋家住宅 断面図（正面部分）

図5-5 大橋家住宅 2階内部

図5-6 大橋家住宅 背面部分1階

も凝らされている。先ほど述べたように、旧木原家住宅の正面側の小屋根は、本体の側柱から庇状に掛け出しだけのものであったが、大橋家住宅では、棟の直下から正面まで延びる印象的な大梁を用いて、この部分を本体の室内空間と一体化している。

このように、大橋家住宅では、背面側では、上下に階を重ねて2階建てとし、正面側では小屋根部分を本体と一体化した上で、登り梁が架かる上方の一部を吹き抜けとしている（図5-6）。これは単調になりがちな町家建築の内部空間を演出する上で効果的な手法といえよう。

登り梁を用いることで、棟の下方では2階部分の階高は高くなるが、軒の辺りでは階高は低いままである。そのために、登り梁を用いて作った2階を居室として用いる場合には、傾斜した天井を貼ることが多い（図5-7）。

■ 総2階と指物

奈良県橿原市今井町の高木家住宅（たかぎけじゅうたく）は、江戸時代末期の19世紀前半に建設された町家建築で、これまでみてきた町家建築とは異なり、全体を総2階としている（図5-8）。

その軸組（じくぐみ）の構成は、両側面を柱と貫で固めると同時に、内部諸室の境界線に柱列を配置するものである（図5-9）。軸組の柱は通柱（とおしばしら）ではなく、全て大屋根の桁の高さに揃えられて

図5-7 傾斜した天井（好岡家住宅）

図5-8 高木家住宅

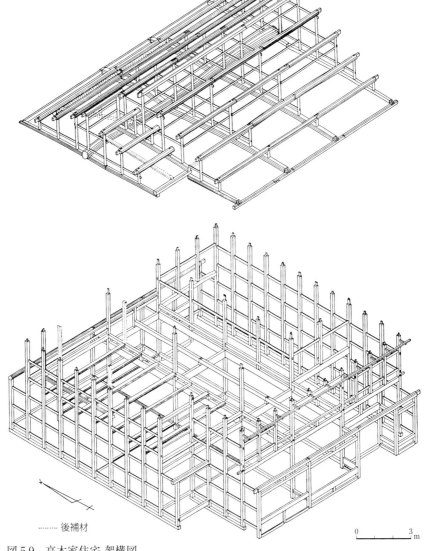

……… 後補材

図 5-9　高木家住宅 架構図

おり、この上部に和小屋の小屋組を乗せている。軸組の高さは約5メートルにも及び、その中間約2.5メートルの位置に柱列を相互に繋ぐ指物を縦横に組み込み、その上部に2階を設けている（図5-10）。そのため、2階は軸組内部に完全に納まり、軸組上部の桁位置に貼られた天井も全て水平である。

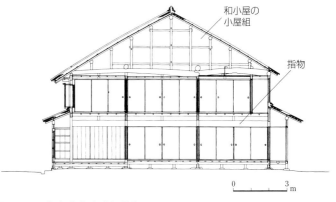

図 5-10　高木家住宅 断面図

このように、軸組の内部に上下2階を設けることができれば、各階は全て良好な居室となる。しかしそのために、軸組の高さは5メートルを越え、安定性に課題が生じる。そこで重要な意味を持つのが指物である（コラム参照）。

江戸時代中期以降に普及する指物には、主に2つの役割がある。まず第1には、柱を両脇から押さえて軸組を安定させるものであり、第2には、襖や障子などの建具を入れるための鴨居の役割である。この2つに加えて、2階の床を支持する役割を果たす場合もある。これらの役割を兼ね備える指物の普及によって、軸組を構成する柱を高くして、フラットな天井を持った2階を設けることが可能となり、同時に建具を多用する室内意匠も実現できるのである。

■ 屋根形態の操作

次いで、山口県柳井市の**国森家住宅**をみてみよう。18世紀前半に建設された国森家住宅は、入母屋屋根の破風を街路に対して見せる妻入の建築で、正面側の下方には、別に小屋根を設けている（図5-11）。

桁行方向の断面図をみると、約5メートルの高さとなる軸組の中間付近に指物を巡らして固め、柱の頂部に架けられた大梁の上に和小屋の小屋組を乗せて入母屋屋根を造り、軸組の内部を総2階としている（図5-12）。

このように、国森家住宅の構法の考え方は、軸組の内部を上下2層とし、その上に和小屋の小屋組を乗せるものである。こうした構造体では、軸組と小屋組は完全に分離しているので、軸組内で完結する室内空間とは無関係に、小屋組を組み上げて屋根形態を操作できる。すなわち、平入でも妻入でも自由に作り出すことができ、さらに複雑な屋根形態であっても可能となる。

図 5-11　国森家住宅

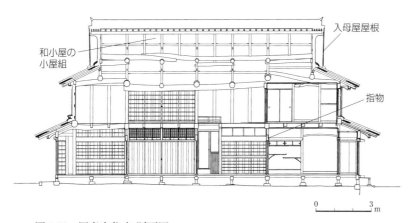

図 5-12　国森家住宅 断面図

■ 3階建ての町家

　高木家住宅や国森家住宅では、中間部分に指物を入れて軸組を上下に二分割していた。しかし、指物は柱の任意の位置に入れることが可能なので、より変化に富んだ内部空間を作ることも可能である。

　名古屋市中村区から犬山市の**博物館明治村**に移築された**旧東松家住宅**は、1901年に建設された近代の町家建築である。

　外観写真からわかるように、旧東松家住宅は3階建である（図5-13）。3階建とすること自体はさほど困難ではない。軸組の高さを延長し、その中間2ケ所に指物を入れるだけでよい（図5-14）。

　実際、旧東松家住宅はこの考え方を基本にして作られている。ただし、高さ約7.5メートルにも及ぶ軸組を単純に上下に3分割するように指物を入れているのではない。軸組は、梁間方向（奥行方向）で4つ、桁行方向（間口方向）で2つに区分され、それぞれのブロックで差物を入れる位置を違えている（図5-15～5-17）。こうして指物が入る位置をずらすことで、各室の階高をコントロールし、また背面側では全体高さを低く抑えて、各室の採光や通風に考慮している。また、軸組上に乗る小屋組も単純な切妻屋根ではなく、背面側では寄棟屋根を突き出して採光を行っている。

　旧東松家住宅で用いられているこうした手法は、諸室の大きさを自由にコントロールする上で有効なものであり、江戸時代末期から明治期にかけて発展の兆しをみせた。

　しかし、高い軸組を指物で補強しただけの脆弱な構造体であり、このことに加え、1919年の**市街地建築物法**制定に伴って実現が難しくなり、鉄骨構造や鉄筋コンクリート構造の普及に伴い消滅していった。

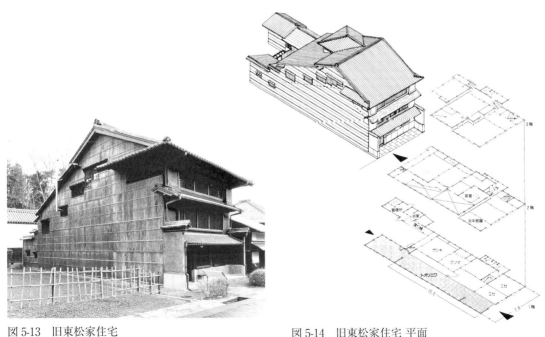

図5-13　旧東松家住宅

図5-14　旧東松家住宅 平面

図 5-15　旧東松家住宅 断面図（梁間方向）

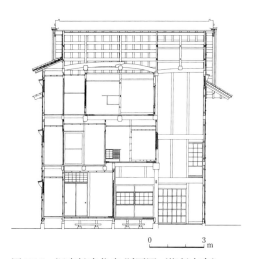

図 5-16　旧東松家住宅 断面図（桁行方向）

図 5-17　旧東松家住宅 内部見上

コラム　指物(さしもの)

　指物は、江戸時代以降に発達した建築部材で、農家建築や町家建築だけでなく寺社建築にも広く用いられている。

　指物は、柱と梁からなる軸組(じくぐみ)の構造体を補強するために用いられるもので、柱の中間部にほぞ差しで挿入され、柱あるいは逆側から挿入された指物との間を栓などで固定して互いに緊結されている（図5-18）。その形状は、縦長の断面を持つ貫とは異なり、柱幅とほぼ同じ幅を持ち、断面高さは20センチを越え、50センチに近いものもある。柱の水平方向へのぶれを抑える構造材であるが、襖などの建具を入れるために溝を施すことも多く、その場合には差(さ)(指)鴨居(かもい)と呼ばれている。

　この指物を使用することで、柱径を太くしなくても軸組を高くすることが可能となり、高層化が実現したことは、これまで解説した通りである。しかし、指物を入れるためには柱に大きな穴を穿つ必要があるために、柱の耐力が低下することは避けられない。特に四方指し(しほうざし)と呼ばれる柱の4面に指物が集中して入れられる場合には、断面(だんめん)の欠損(けっそん)が極めて大きくなり、地震時など大きな水平力が加わった場合には、この部分で柱が折れてしまうことになる。

　四方指しによる柱の断面欠損が阪神淡路大震災(はんしんあわじだいしんさい)の際に被害の要因となったことは、記憶しておくべきだろう。

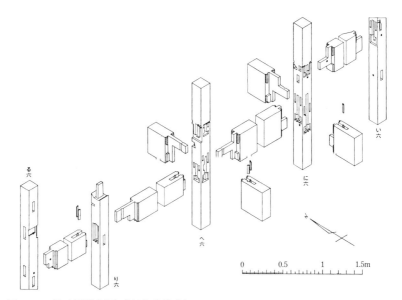

図 5-18　差鴨居詳細図（髙木家住宅）

Ⅲ-6 町家建築の空間

■ 町家建築の大型化

町家建築の発展は、立地する都市の状況と大きく関係している。

江戸時代初期の17世紀頃までは、建設から間もない城下町の街区には、計画的に配置された規模の揃った敷地が並び、個々の敷地には、やはり規模の揃った京町家型の町家建築が建ち並んでいたと推定されている。しかし、18世紀以降には複数の敷地を集積する豪商が現れ、大型の町家建築が出現する。

町家建築を大型化する場合、間取りや構造の形式を保ったまま、規模だけを大型化するには限界がある。そのために、大型化は部屋の列を追加する方向で行われている。

しかし、部屋の列が複数になると、外部と接しないために、採光や通風ができない室が現れてしまう。こうした状況を回避するためには、敷地内の配置方法や間取りととともに構法的な工夫も必要となる。

■ 突出部による拡張

山口県萩市の萩城下町今魚店町に所在する**熊谷家住宅**は、広大な敷地の中に数多くの建築を配置する豪商の居宅で、その主屋は1768年頃に建設されたものである（図6-1）。

敷地の南側に所在する主屋の間取りは、土間と部屋列2列が主体となり、右側面には玄関と茶室が突き出ている。この突出部を設けることで全体面積を拡大すると同時に、諸室への採光や通風も可能としているのである。これは、敷地の間口幅に余裕のある場合に、よく用いられる手法である。

架構図をみると、左側面の壁は密に並ぶ柱を貫で強化した強固なものとなり、諸室の境界には屋根まで達する通柱が配され、指物を

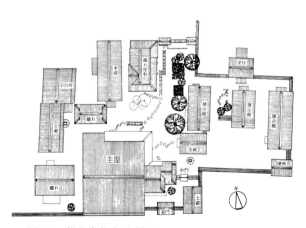

図6-1　熊谷家住宅 配置図

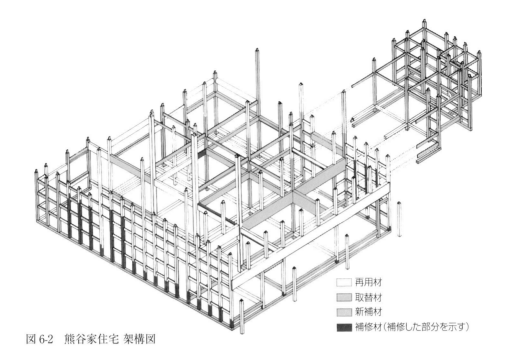

図 6-2　熊谷家住宅 架構図

　再用材
　取替材
　新補材
　補修材(補修した部分を示す)

用いた強化も行われている（図6-2）。ここまではいわば定番の手法であるが、右側面では突出部を含めて壁体の強化はあまり行われず、柱と梁からなるフレームを指物を用いて強化する構法が用いられている。

　こうした構法を用いている理由は、左側面は壁で覆って閉鎖的にしてもかまわないが、右側面では、部分的な拡張と内法下の開放による室内への採光や通風を行う必要があるからである。

図 6-3　石井家住宅 屋根伏図

■　複雑な構成による拡張

　続いて、さらに大型の町家建築についてもみてみよう。
　旧矢掛本陣石井家住宅（やかけほんじんいしいけじゅうたく）は、岡山県の山陽道矢掛宿で本陣を勤めた豪商の居宅で、その広大な敷地には多数の建築が建ち並んでいる（図6-3）。そのうち19世紀中期に建設された主屋は、街路に平入の軒を見せる店棟と、店棟と棟を直交させる台所棟、さらに台所棟と

図 6-4　石井家住宅（主屋店棟）

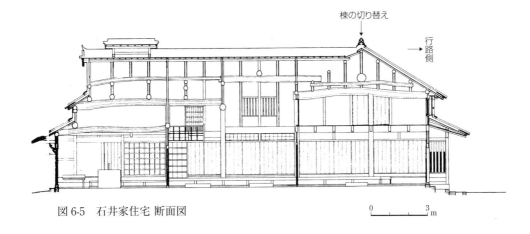

図6-5　石井家住宅 断面図

棟を直交させる居室棟・座敷棟が連結していて、非常に複雑な構成となっている（図6-4）。

このように、店棟と台所棟は直交する二つの建築を繋いだ屋根形となっている。ここで、敷地奥行方向の断面図をみると、2つの棟の軸組は、1階部分では連続した一連なりのものとなっている（図6-5）。2つの棟が交差する凸型の屋根を作り出しているのは、軸組の上部に架けられた梁組で、この部分に大梁を交差させて乗せることで、前方と後方で棟の向きも切り替えているのである（図6-6）。

なぜ、石井家住宅の主屋は、こうした構法を用いて複雑な構成を採用したのだろうか。

その第一の理由は、矢掛宿の建築的な伝統である。矢掛宿の町家は、街路に面して破風を見せる妻入の町家がほとんどである。石井家住宅でも、街路に対して妻入となる台所棟が本来の形式で、これに平入の店棟を正面側から付加したために、全体として凸型となったのである。

もう一つの理由は大型化への対応である。凹凸のある外壁ラインを設ければ、各所に中庭を設けることが可能となり、これによって諸室への採光や通風が可能となる。

上屋下屋構造の農家や京町家型の町家では、軸組と小屋組が一体化しているために、旧矢掛本陣石井家住宅のような複雑な屋根形を作ることは困難である。しかし、Ⅲ－5節でみたように、18世紀以降の町家建築の構造は、間取りに従って柱を配置して軸組を作り、その上の任意の位置に大梁を架けて小屋組を作り出すものに変化している。石井家住宅は、こうした考え方を活用して複雑な屋根形を作り、結果として大型化した町家建築の室内環境も向上させているのである。

■　内部空間の演出

これまでみてきたように、本来の京町家型は、側壁と通柱に依存する構造体であるため、内部空間は比較的単調である。一方、梁や指物を使用して軸組を強化し、その上に和小屋

図6-6　石井家住宅 見上げ

図6-7 吉島家住宅

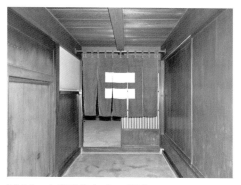

図6-8 吉島家住宅 入口付近

を乗せる構法を用いるようになると、内部空間のデザインも多様化する。

特に、奥行が長いために棟の位置が高い町家建築では、吹き抜けとなる土間中央部は、外観からは想像できない程高くなり、上部に小屋組や梁を見せるダイナミックな空間となる。同時に床上部分では、1階の天井と2階の床を兼ねた根太天井を挟んで低い空間が2層に重なり、土間周辺の高い空間と対比的な状況が現れる。

こうした町家建築の特質を巧妙に利用して、内部空間の演出を行っているのが、1907年に建設された岐阜県高山市大新町の吉島家住宅である（図6-7）。

吉島家住宅は、街路側から見ると平入の通常の町家建築である。正面側に設けられた大戸を潜ると、上部に2階を設けるために低い導入路の空間が続くが（図6-8）、そこを抜けると広く高い土間の空間に至る（図6-9）。

上方に見える梁組は軸組と小屋組が一体化したもので、正方形に近い断面の材料で構成されていて、表面には透漆が塗られている。そのため、天窓を通して射し込む太陽光が反射して、極めて印象的な空間となっている（図6-10）。

この高い土間の空間に接続する床上部の諸

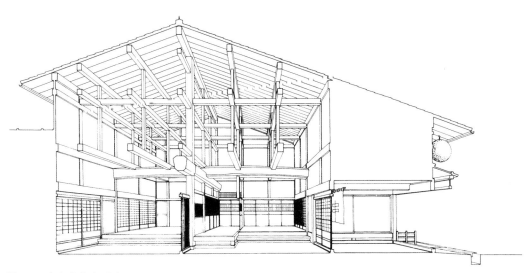

図6-9 吉島家住宅 内部パース

室でも、高さと意匠を違えることで様々な空間演出が図られている。

まず、正面側の1階には根太天井を貼った座敷が置かれ（図6-11）、その上部には傾斜した天井を持つ2階座敷が設けられている（図6-12）。この正面側の部分は、2階建てとするために上下階とも低い空間となるが、敷地の奥側では2階を設けないために高さに余裕があり、棹縁天井（さおぶちてんじょう）を貼った書院造（しょいんづくり）の座敷が中庭に面して配置されている（図6-13）。

このように、吉島家住宅は、大型町家建築の構法を活用して、諸室の性格に応じた様々な空間演出が行われている。こうした傾向は、大型町家の構法が完成し、自由に材料を購入できるようになった明治以降に顕著な現象である。

■ 土蔵の構法

これまで町家建築の主屋についてみてきたが、最後に附属家である土蔵（どぞう）の構法についてみてみよう。

土蔵は物品を収納するために作られる建築で、他の建築類型にはみられない固有の構法

図6-11　吉島家住宅 根太天井の1階座敷

図6-12　吉島家住宅 傾斜天井の2階

図6-10　吉島家住宅 内部（土間）

図6-13　吉島家住宅 棹縁天井の1階座敷

を用いている。まず、大切な物品を保護するための建築であるから、外観は厚い壁で覆われ開口部は小さい。そして、柱梁によって軸組を作るのではなく、壁に大きく依存する点に特徴がある（図6-14）。

この壁は、半間おきに立てられた柱を貫で緊結したものを下地とし、そこに竹を編んだ木舞をはめ込み、その隙間に充填するように土壁を塗って作られている（図6-15）。

木舞は、古い時代には細い竹が用いられているが、多くはやや太めの竹を半分に割ったものが用いられている。詳細図を示した旧西川家住宅土蔵では、柱の外側を階段状にはつって木舞を固定しているが（図6-16）、柱の側面を薄くえぐって木舞をはめ込む方法が一般的である。

土壁の塗り方は、木舞のネット上に、まず荒壁と呼ばれる藁を混ぜ込んだ土を数回塗り、その表面にクリーム色の中塗を施して、最終的に白い漆喰で上塗を仕上げる工程を経る。

こうして作られる壁体は非常に強固なものとなるので、その上方に小屋組を乗せることで屋根を架けることが可能となる。旧西川家住宅土蔵で用いられているような登り梁は、強固で外側に開かない土蔵の壁体と相性がよいために土蔵でよくみられるが、和小屋の小屋組を用いる場合も多い。

土蔵の屋根は、垂木・野地板・葺土・瓦の順に乗せていく一般的な方法を用いるものもあるが、壁と同様に屋根面も厚く土や漆喰で塗り込めて仕上げ、その上に改めて屋根を乗せる置屋根とする場合も多い。

このように、土蔵は遮断性が強く、防火性能も極めて高い。そのため、火災に見舞われ続けた都市では、土蔵の構法を用いた町家が建設されている。

土蔵造と呼ばれるこの形式は、江戸で発生した後に関東地方を中心に各地に波及したものである。特に、埼玉県の川越市川越地区では、1893年の大火で甚大な被害を被ったため、その後行われた復興の際に土蔵造が広く普及

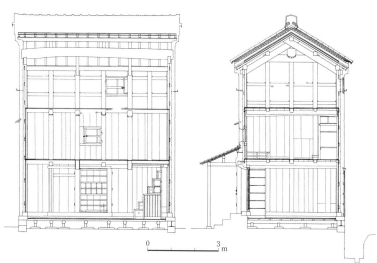

図6-14　旧西川家住宅土蔵 断面図

図6-15　土壁の下地（大沢家住宅）

し、現在でもその姿を見ることができる（図6-17）。

川越市の土蔵造は、断面透視図から理解できるように、全体を奥行きの短い総2階で作り、土蔵の構法を用いて壁面や扉などを厚い土塗壁で覆っている。ただし、居室として用いるために、土蔵と比較すると開口部は大きいのが特徴となっている（図6-18）。

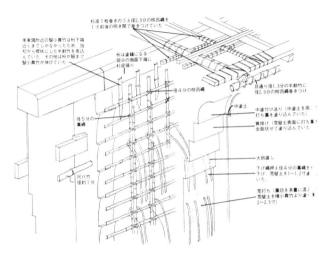

図6-16　土壁詳細（西川家住宅土蔵）

図6-17　川越の町並

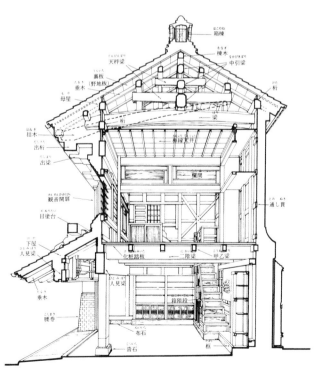

図6-18　川越の土蔵造 断面透視図

コラム　町家建築の建具

　町家建築は、性格の異なる諸室によって構成されているため、室の性格に応じて様々な建具や造作が用いられている。中でも、室内でありながら街路との関係が強いミセやトオリドマでは、街路側を開放的なものとするための工夫が随所に見られる。

　ミセの前面に設けられる**ブチョウ**などと呼ばれる建具は、蔀と同じ仕組みをもつもので、上端の軸を中心にして跳ね上げると、柱間を完全に開放することができる（図6-19）。

　ミセの前面には**格子**が設けられる場合も多く、格子のバリエーションの多さも町家建築の特徴となっている（図6-20）。また、この部分の外側下方には、**バッタリ**あるいは**アゲミセ**などと呼ばれる格納式の床几が設置されることも多い（図6-21）。

　また、トオリドマの正面に設けられる**大戸**も、全体を開け閉めできるようにした上で、一部に小さな**潜戸**を設けて、全体が閉じた状態でも通交を可能としている（図6-22）。

　また室内では、2階が発達した町家で必須となる階段の側面を、収納用の箪笥として用いる**箱階段**も目を引くものとなっている（図6-23）。

　この他にも、漆喰塗の壁面に設けられた**虫籠窓**（図6-24）、トオリドマの上方に設けられた高窓を開け閉めするための滑車、あるいは換気用の窓を開け閉めする工夫など、町家建築の細部には、必要に迫られて開発された様々な工夫を散見できる。

図6-19　ブチョウ
　　　　（山口県柳井市）

図6-20　格子戸（長野県奈良井宿）

図6-21　バッタリ
　　　　（京都市嵯峨鳥居本）

図6-22　大戸
　　　　（高山市三町）

図6-23　引き戸と箱階段（奈良県宇陀市）

図6-24　虫籠窓（徳島県脇町）

図版出典

以下に特記しないものは著者(光井渉)が撮影ないしは作成したもの。なお、図版作成および調整にあたっては、新村美沙紀・鳥当千恵の協力を得た。

序　図7　富井雄太郎撮影

第Ⅰ章

1-3・1-4・1-10・1-12　日本建築学会編『新訂　日本建築史図集』(影国社.1980年)

1-8・1-9　太田博太郎編『11本建築史基礎資料集成一　社殿Ⅰ』(中央公論美術出版、1998年)

2-2・2-3『重要文化財海竜王寺西金堂・経蔵修理工事報告書』【奈良県文化財保存事務所、1967年】

2-6　西和夫『図解古建築入門』(影国社、1990年) より作成

2-7・2-8・2-9・2-10・2-11　『国宝新薬師寺本堂修理工事報告書』(奈良県文化財保存事務所、1996年)

2-17　日本建築学会編『新訂　日本建築史図集』(影国社、1980年)

3-2・3-3・3-4　『国宝鶴林寺本堂ほか三棟保存修理工事報告書』(文化財建造物保存技術協会、2009年)

3-6・3-7『重要文化財円成寺本堂及楼門修理工本報告書』(奈良県教育委員会文化財保護課、1961年)

3-12・3-13・3-14・3-15・3-16・3-18『国宝金剛峯寺不動堂修理工事報告書』(和歌山県文化財センター、1999年)

3-19・3-20・3-21『重要文化財竜吟庵方丈修理工事報告書』(京都府教育庁文化財保護課、1962年)

4-2・4-3・4-4・4-5・4-7『国宝浄土寺浄土堂修理工事報告書』(浄土寺浄土堂修理委員会、1959年)

4-9　『国宝東大寺金堂(大仏殿)修理工事報告書』(奈良県文化財保存事務所、1980年)

4-11　『重要文化財最恩寺仏殿修理工事報告書』(最恩寺仏殿修理委員会、1960年)

4-12・4-21・4-22『重要文化財長樂寺仏殿修理工事報告書』(和歌山県文化財センター、1996年)

4-14『国宝善福院釈迦堂修理工事報告書』(和歌山県文化財研究会、1974年)

4-17・4-18『国宝正福寺地蔵堂修理工事報告書』(東村山市史編纂委員会、1968年)

4-26　関口欣也『中世禅宗様建築の研究』(中央公論美術出版、2010年)

5-2『国宝当麻寺本堂修理工事報告書』(奈良県教育委員会文化財保護課、1960年)

5-3・5-4『重要文化財長寿寺弁天堂修理工事報告書』(滋賀県教育委員会社会教育課、1957年)

5-5・5-6・5-7『国宝西明寺本堂他一棟修理工事報告書』(滋賀県教育委員会、1982年)

5-9・5-10　太田博太郎編『日本建築史基礎資料集成七　仏堂Ⅳ』(中央公論美術出版、1980年)

5-13・5-14『国宝大報恩寺本堂修理工事報告書』(大報恩寺本堂修理事務所、1954年)

5-18『国宝鶴林寺本堂ほか三棟保存修理工事報告書』(文化財建造物保存技術協会、2009年)

5-21・5-22『重要文化財太山寺本堂修理工事報告書』(太山寺本堂修理委員会、1956年)

5-25『重要文化財教王護国寺宝蔵・大師堂修理工事報告書』(京都府教育庁文化財保護課、1955年)

6-4・6-5『重要文化財専修寺御影堂修理工事報告書』(文化財建造物保存技術協会、2008年)

6-7『重要文化財本願寺大師堂修理工事報告書』(京都府教育庁文化財保護課、2009年)

6-9・6-10・6-11・6-12『国宝善光寺本堂保存修理工事報告書』(文化財建造物保存技術協会、1990年)

6-15・6-16『重要文化財万福寺東方丈修理工事報告書』(京都府教育庁文化財保護課、1981年)

6-19『重要文化財二条城修理工事報告書　第三集』(京都市恩賜元離宮二条城事務所、1958年)

7-3『重要文化財熊野神社長床修理工事報告書』(文化財建造物保存技術協会、1974年)

7-5・7-6『国宝・重要文化財吉備津神社本殿・拝殿・北随神門修理工事報告書』(吉備津神社修理委員会、1956年)

7-7・7-9・7-10『国宝東照宮本殿・石之間・拝殿修理工事報告書』(日光二社一寺文化財保存委員会、1967年)

7-13　宮澤智士・三沢博昭『重要文化財来迎寺本堂』(来迎寺、1992年)

7-16・7-17　小林文次『新版　日本建築図集』(相模書房、2003年)

7-18・7-19・7-20『重要文化財竜禅寺三仏堂修理工事報告書』(文化財建造物保存技術協会、1986年)

第Ⅱ章

1-2『国宝法隆寺廻廊他五棟修理工事報告書』(奈良県文化財保存事務所、1983年)

1-4『国宝唐招提寺講堂他二棟修理工事報告書』(奈良県文化財保存事務所、1972年)

1-8『重要文化財護国院多宝塔、鐘楼、楼門修理工事報告書』(和歌山県文化財センター、2008年)

1-9『重要文化財仁和寺鐘楼・経蔵・遼廓亭修理工事報告書』(京都府教育庁文化財保護課、1993年)

1-11『重要文化財万福寺通玄門・開山堂・舎利殿・祖師堂・寿蔵附中門・総門・鼓楼・法堂修理工事報告書』(京都府教育庁文化財保護課、1972年)

1-13『重要文化財飯高寺鐘楼・鼓楼保存修理工事報告書』(文化財建造物保存技術協会、1992年)

2-2・2-3 『国宝御上神社本殿ほか三棟保存修理工事報告書』（滋賀県教育委員会文化財保護課、2006年）

2-7 『重要文化財岩木山神社本殿他四棟修理工事報告書』（文化財建造物保存技術協会、1978年）

2-11 『重要文化財知恩院三門修理工事報告書』（京都府教育庁文化財保護課、1992年）

2-13 日本建築学会編『新訂 日本建築史図集』（影国社、1980年）

3-2・3-3 『国宝慈照寺銀閣修理工事報告書』（京都府教育庁文化財保護課、2010年）

3-6 『国宝本願寺飛雲閣修理工事報告書』（京都府教育委員会、1966年）

3-8・3-9 『国宝彦根城天守・附櫓及び多聞櫓修理工事報告書』（滋賀県教育委員会、1960年）

3-12 『重要文化財熊本城宇土櫓修理工事報告書』（文化財保存計画協会、1990年）

3-15 『国宝重要文化財姫路城保存修理工事報告書Ⅲ（附図上）』（文化財保護委員会、1965年）

4-3・4-4・4-7・4-8・4-9 太田博太郎編『日本建築史基礎資料集成十一塔婆Ⅰ』（中央公論美術出版、1984年）

4-11・4-13・4-14 太田博太郎編『日本建築史基礎資料集成十二塔婆Ⅱ』（中央公論美術出版、1999年）

4-17 『重要文化財最勝院五重塔修理工事報告書（災害復旧）』（文化財建造物保存技術協会、1995年）

5-2 太田博太郎編『日本建築史基礎資料集成十一 塔婆Ⅰ』（中央公論美術出版、1984年）

5-4・5-7・5-9・5-10・5-13・5-14 太田博太郎編『日本建築史基礎資料集成十二 塔婆Ⅱ』（中央公論美術出版、1999年）

5-16・5-17 『重要文化財金剛輪寺三重塔修理工事報告書』（滋賀県教育委員会、1978年）

第Ⅲ章

1-3・1-4 『重要文化財旧滝沢本陣横山家住宅修理工事報告書』（旧滝沢本陣横山家住宅修理委員会、1978年）

1-6 『重要文化財石田家住宅修理工事報告書』（京都府教育庁文化財保護課、1975年）

1-7・1-8 『重要文化財堀家住宅修理工事報告書』（奈良県文化財保存事務所、1998年）

1-10 『重要文化財森江家住宅修理工事報告書』（文化財建造物保存技術協会、1976年）

2-1 『重要文化財豊島家住宅（主屋）修理工事報告書』（文化財建造物保存技術協会、1974年）

2-4・2-5 『重要文化財箱木家住宅（千年家）保存修理工事報告書』（文化財建造物保存技術協会、1979年）

2-7・2-8・2-9 『重要文化財旧蟠山家住宅移築修理工事報告書』（文化財建造物保存技術協会、1999年）

2-12・2-13 『重要文化財旧恵利家住宅保存修理工事（移築）報告書』（文化財建造物保存技術協会、2001年）

2-14 吉田靖編『日本の民家 第一巻 農家Ⅰ』（学習研究社、1981）

3-1・3-2・3-3・3-4 『重要文化財関家住宅主屋・書院および表門保存修理工事報告書』（文化財建造物保存技術協会、2005年）

3-5・3-6・3-7 『重要文化財門西家住宅修理工事報告書』（門西家住宅修理委員会、1969年）

3-8・3-9・3-10・3-11 『重要文化財吉田家住宅修理工事報告書』（文化財建造物保存技術協会、1998年）

3-13 吉田靖編『日本の民家 第一巻 農家Ⅰ』（学習研究社、1981）

3-16 『重要文化財渡部家住宅修理工事報告書』（文化財建造物保存技術協会、1976年）

4-4・4-5 『重要文化財瀧澤家住宅修理工事報告書』（京都府教育庁文化財保護課、1985年）

4-7・4-8・4-9 『重要文化財藤岡家住宅修理工事報告書』（奈良県文化財保存事務所、1998年）

4-12・4-13 『重要文化財生方家住宅移築修理工事報告書』（文化財建造物保存技術協会、1973年）

4-16・4-17 『重要文化財旧米谷家住宅修理工事報告書』（奈良国立文化財研究所、1994年）

4-20・4-21・4-22 『重要文化財木原家住宅修理工事報告書』（広島県高屋町、1968年）

5-1・5-2 『重要文化財真山家住宅修理工事報告書』（文化財建造物保存技術協会、1977年）

5-4・5-5・5-6 『重要文化財大橋家住宅保存修理工事報告書』（文化財建造物保存技術協会、1995年）

5-9・5-10・5-18 『重要文化財高木家住宅修理工事報告書』（奈良県文化財保存事務所、1979年）

5-12 『重要文化財国森家住宅修理工事報告書』（文化財建造物保存技術協会、1984年）

5-14 大野敏『民家村の旅』（INAX ALBUM17、1993年）

5-15・5-16 『重要文化財（建造物）旧東松家住宅保存修理工事報告書』（博物館明治村、2004年）

6-1・6-2 『重要文化財熊谷家住宅（主屋・宝蔵）修理工事報告書』（文化財建造物保存技術協会、1980年）

6-3・6-5 『重要文化財旧矢掛本陣石井家住宅保存修理工事報告書』（文化財建造物保存技術協会、1991年）

6-9 日本建築学会編『新訂 日本建築史図集』（影国社、1980年）

6-14・6-16 『重要文化財旧西川家住宅（主屋・土蔵）修理工事報告書』（滋賀県教育委員会文化財保護課、1988年）

6-18 川越市教育委員会編『川越の蔵造り』（1983年）

カバー写真 表：金剛峯寺不動堂軒下（高野山真言宗 総本山金剛峯寺）光井渉撮影

裏：旧作田家住宅（川崎市立日本民家園）光井渉撮影

151

索　　引

あ

(明) 障子 ……………………………… 26
アゲミセ ……………………………… 149
アマ …………………………… 124, 125
荒壁 …………………………………… 147
安楽寺八角三重塔 …………………… 98

い

旧井岡家住宅 …………………… 6, 128
石垣 …………………………………… 85
石田家住宅 ………………………… 105
石山寺多宝塔 ………………………… 99
伊勢神宮 ……………………………… 8
伊勢神宮正殿 ………………… 8, 104, 105
板戸 …………………………………… 26
板扉 …………………………………… 41
板床 …………………… 23, 24, 25, 40, 42, 92
一乗寺三重塔 ………………………… 92
厳島神社摂社客神社本殿 …………… 11
入母屋 …… 17, 62, 69, 74, 83, 109, 124, 138
岩木山神社楼門 ……………………… 76

う

内法制 ………………………………… 57
鰻の寝床 …………………………… 128
旧生方家住宅 ……………………… 129
厩 ……………………………………… 109
上塗 ………………………………… 147

え

江川家住宅 ………………………… 117
海老虹梁 ……………………… 34, 35, 48
旧恵利家住宅 …………………… 114, 118
縁側 …………………………… 53, 92
圓成寺春日堂・白山堂 ……………… 11
圓成寺本堂 …………………… 2, 22, 27

お

追扠首 ……………………………… 109
大滝神社本殿及び拝殿 …………… 7, 62
大戸 ……………………………… 145, 149
大橋家住宅 ………………………… 135
大梁 ………………………… 52, 69, 84
旧尾形家住宅 ……………………… 115
置屋根 ……………………………… 147
オダチ ………………………………… 65
尾垂木 ………………………… 35, 89
折上 …………………………………… 24
折上天井 ……………………………… 93

か

蚕棚 ………………………………… 124
海竜王寺西金堂 …………………… 2, 14
回廊 ………………………………… 18, 68
蟇股 ……………………………… 14, 19, 92
鶴林寺太子堂 ………………………… 20
鶴林寺本堂 …………………………… 7, 48
懸造 …………………………………… 29
架構 …………………………………… 14
加工手間数 …………………………… 32
頭貫 ………………………………… 15, 69
春日大社本社本殿 …………………… 11
春日造 ………………………………… 11
合掌造 ……………………………… 124
合掌造り民家園 …………………… 108
花頭窓 ………………………………… 41
甕 ……………………………………… 73
亀腹 ……………………………… 23, 99
鴨居 ……………………………… 26, 138
賀茂別雷神社本殿 …………………… 11
茅 ……………………………………… 13
茅葺 ……………………………… 65, 123
唐破風 ………………………… 63, 81, 84
伽藍 …………………………………… 42

き

川越市川越地区 …………………… 147
川崎市立日本民家園 ………… 104, 128
瓦 ………………………………… 14, 19

基壇 ………………… 15, 23, 25, 91, 94
旧木原家住宅 …………………… 130, 135
吉備津神社本殿及び拝殿 …………… 59
旧正宗寺三匝堂 ……………………… 63
教王護国寺金堂 ……………………… 50
教王護国寺大師堂 …………………… 49
行基葺 ………………………………… 19
京町家型 … 126, 128, 129, 133, 134, 142
清水寺本堂 …………………………… 29
切妻 ………………………… 8, 17, 68, 81, 124

く

楔 ……………………………………… 31
国森家住宅 ………………………… 138
熊野奥照神社本殿 …………………… 11
熊野神社長床 ………………………… 58
熊本城宇土櫓 ……………………… 67, 87
熊本城本丸御殿 ……………………… 2
熊谷家住宅 ………………………… 142
組物 … 14, 19, 32, 34, 69, 71, 75, 79, 89, 91, 95, 101
雲肘木 ………………………………… 90

け

化粧軒裏天井 ……………………… 25, 46
外陣 ……………………………… 44, 48
桁 ………………………………… 8, 104
桁行 …………………………………… 8
下屋 …………………………… 110, 122, 130
下屋柱 ……………………………… 114
建長寺三門 ………………………… 80
源平争乱 ……………………………… 30
元暦地震 ……………………………… 30

こ

格子 … 149
後陣 … 44
高層化 … 134
構造ブロック … 119, 120, 123, 125
格天井 … 21, 24, 45, 46
虹梁 … 14, 69
小壁 … 83, 86
粉河寺本堂 … 55
こけら … 13
こけら葺 … 83
護国院鐘楼 … 71
五重塔 … 89
旧後藤家住宅 … 5, 113
向拝 … 23, 63, 64, 81
木舞 … 147
旧米谷家住宅 … 103, 129
小屋組 … 24, 25, 47, 49, 52, 53, 54, 55, 58, 59, 61, 84, 106, 110, 112, 117, 119, 123, 125, 130, 133, 137, 138, 144, 145, 147
小屋梁 … 53
鼓楼 … 68
権現造 … 60
金剛三昧院多宝塔 … 99
金剛寺本堂 … 46
金剛峯寺不動堂 … 7, 25, 27, 47
金剛輪寺三重塔 … 102

さ

最恩寺仏殿 … 33
在郷町家型 … 126, 129, 133
最勝院五重塔 … 4, 95
西明寺本堂 … 45
棹縁天井 … 146
旧作田家住宅 … 103, 122
栄螺堂 … 63
差（指）鴨居 … 141
挿肘木 … 31, 33, 45, 50, 52, 60, 80
指物 … 122, 131, 137, 141
扠首 … 107, 115

扠首構造 … 107, 108, 110, 117, 119, 123, 124
真山家住宅 … 134
桟唐戸 … 41
桟瓦葺 … 19
三重塔 … 89

し

椎名家住宅 … 114
市街地建築物法 … 139
敷居 … 26
式年遷宮 … 8
敷梁 … 52
軸組 … 24, 25, 47, 49, 52, 53, 54, 55, 58, 61, 75, 83, 86, 87, 106, 112, 117, 119, 121, 123, 130, 136, 141, 144
慈照寺銀閣 … 82
漆喰 … 23
漆喰塗 … 85
室中 … 26
四天柱 … 89, 93
蔀 … 26
地盤沈下 … 86
旧渋谷家住宅 … 124
四方下屋 … 112
四方指し … 141
旧下木家住宅 … 6
俊乗房重源 … 30
書院造 … 57, 146
勝興寺本堂 … 53
正堂 … 42, 55, 60
浄土寺浄土堂 … 31, 52
正八幡宮楼門及び庁屋 … 81
正福寺地蔵堂 … 35
上屋 … 110, 122
上屋下屋構造 … 110, 112, 114, 116, 117, 118, 119, 144
上屋柱 … 113, 114, 115, 118, 123
上屋梁 … 114, 115
浄瑠璃寺三重塔 … 93
鐘楼 … 68
身舎 … 33, 35, 37, 38

心々制 … 56
心礎柱 … 89, 91, 93, 94, 99
旧真野家住宅 … 113, 118
新薬師寺本堂 … 16, 18

す

瑞龍寺仏殿 … 37
縋破風 … 11, 13, 22
筋交 … 53, 54
ストゥーパ … 88, 89, 95
住吉大社本殿 … 10, 14

せ

正殿 … 8
関家住宅 … 118
石塔寺三重塔 … 95
善光寺本堂 … 55
禅宗様 … 33, 42, 45, 71, 77, 96, 98
専修寺御影堂 … 4, 51
千年家 … 112
善福院釈迦堂 … 3, 35

そ

造作 … 149
造作材 … 27, 52
層塔 … 67, 89
相輪 … 88, 89, 91
礎石 … 15, 69, 86, 105

た

大虹梁 … 36, 37, 38, 45, 46
大黒柱 … 125
太山寺本堂 … 48
大仏様 … 30, 42, 47, 50, 60, 29, 80
大瓶束 … 36, 37
大報恩寺本堂 … 3, 46
當麻寺本堂（曼荼羅堂）… 42
當麻寺東塔 … 91
台輪 … 34
高木家住宅 … 136
高八方 … 124
高床式建造物 … 8

153

瀧澤家住宅 ……………… 126, 135
旧滝沢本陣横山家住宅 ……… 105
畳 …………………… 51, 56, 109
立ち登せ柱 …… 52, 53, 55, 77, 79, 95
建具 ………………… 26, 138, 149
多宝塔 ………………………… 89, 99
垂木 …… 8, 31, 61, 65, 89, 98, 105, 147
垂木構造 …… 65, 106, 110, 112, 114, 117, 123
淡海公十三重石塔 ……………… 97
談山神社十三重塔 ……………… 97
断面の欠損 …………………… 141

ち

知恩院三門 ……………………… 78
致道博物館 …………………… 124
千鳥破風 …………………… 63, 85
中門造 ………………………… 115
長岳寺楼門 ……………………… 76
長弓寺本堂 ……………………… 45
長寿寺本堂 …………………… 43, 48
庁堂 ……………………………… 14
チョウナ ……………………… 112
チョウナ梁 …………………… 115
長樂寺仏殿 ……………………… 37
定林寺址五重石塔 ……………… 95

つ

束 ………………… 10, 52, 65, 105
束踏 …………………………… 107
束踏梁 ………………………… 52
つし二階 ……………………… 135
土壁 ……………… 15, 26, 112, 147
繋梁 …………… 16, 114, 116, 118
妻入 ……………… 10, 55, 129, 144
詰組 ……………………………… 34

て

逓減 ……… 70, 76, 77, 79, 91, 93, 97
逓減率 …………………… 89, 94, 95
出隅入隅 ………………………… 61
天守閣 …………………… 67, 82, 85

天井 …………… 18, 21, 24, 42, 92
殿堂 ……………………………… 14

と

斗 ………………………………… 44
堂 ………………………………… 7
唐招提寺鼓楼 ………………… 69, 76
唐招提寺金堂 …………………… 18
東大寺七重塔 …………………… 97
東大寺大仏殿 …………………… 33
東大寺大仏殿（金堂）………… 30
東大寺南大門 …………………… 79
東福寺三門 ……………………… 80
旧東松家住宅 ………………… 139
通柱 … 32, 33, 60, 79, 87, 127, 128, 131, 135, 136, 142, 144
通肘木 …………………………… 80
トオリドマ …………… 129, 133, 149
トオリドマ（トオリニワ）…… 126
豊島家住宅 …………………… 110
土蔵 …………………………… 146
土蔵造 ………………………… 147
土台 ……………………………… 86
扉 …………………………… 26, 41
土間 …………………………… 109
トリイ …………………………… 65

な

内陣 …………………………… 44, 48
中塗 …………………………… 147
流造 ………………………… 11, 62
長押 ……………………………… 15
波連子 …………………………… 41

に

2階座敷 ……………………… 147
旧西川家住宅土蔵 …………… 147
二重門 …………… 67, 74, 77, 83, 86
二条城二の丸御殿遠侍 ………… 57
日光東照宮本殿・石の間・拝殿 … 60
仁和寺鐘楼 ……………………… 71

ぬ

貫 …… 29, 31, 35, 47, 50, 52, 53, 56, 60, 71, 75, 79, 80, 107, 117, 122, 127, 141, 142, 146

ね

根来寺多宝塔（大塔）……… 101
根太 ……………………………… 25
根太天井 ……………………… 145

の

農家建築 ……………… 104, 126, 130
農家建築の間取り …………… 109
野地板 ………………………… 147
登り梁 …………………… 135, 147

は

袴腰 ……………………………… 70
HAGISO ………………………… 1
博物館明治村 ………………… 139
羽黒山五重塔 ………………… 67, 95
箱階段 ………………………… 149
箱木家住宅 …………………… 112
半蔀 ……………………………… 26
柱 ………………………………… 8
柱の省略 …………………… 36, 46
柱間 ……………………………… 31
旛山家住宅 …………………… 112
バッタリ ……………………… 149
鼻隠板 …………………………… 32
ハネガイ ……………………… 124
はね木 ……… 21, 23, 25, 79, 83, 84
梁 … 10, 14, 44, 105, 107, 108, 110, 114, 115, 119, 122, 129, 131, 135, 141, 144, 145
梁間 ……………………………… 8
飯高寺鼓楼 ……………………… 73
阪神淡路大震災 ……………… 141
版築 …………………………… 15, 23
はん亭 …………………………… 2

ひ

火打梁 …………………………………35
日吉造 …………………………………11
彦根城天守 ……………………………85
ヒサシ …………………16, 20, 25, 54, 59, 100
肘木（栱） ……………………………19
一軒 ……………………………………90
檜 ………………………………………13
姫路城大天守 …………………………87
比翼入母屋造 …………………………59
日吉大社本宮本殿 ……………………11
平井家住宅 ……………………………108
平入 …………………9, 55, 62, 128, 129, 144
平瓦 ……………………………………19
広島県立みよし風土記の丘 …………113
ヒロマ型三間取り …………………109, 129
檜皮 ……………………………13, 22, 74, 93

ふ

吹き放ち ………………………………18
伏鉢 ……………………………………88
藤岡家住宅 ……………………………128
襖 ………………………………………26
舞台 ……………………………………29
舞台造 …………………………………29
二軒 ……………………………………91
ブチョウ ………………………………149
仏塔 ……………………………………88
不動院金堂 ……………………………38
古熊神社拝殿 …………………………81

ほ

宝塔 ……………………………………99
法隆寺五重塔 …………………………90
法隆寺食堂 ……………………………15
法隆寺鐘楼 ……………………………68
法隆寺東院鐘楼 ………………………70
法隆寺東院夢殿 ………………………18
ほぞ差し ………………………………141
法起寺三重塔 …………………………89
法勝寺九重塔 …………………………97

掘立柱 ……………………………8, 104, 106
堀家住宅 ………………………………106
本瓦葺 ……………………………………19, 85
本願寺大師堂（御影堂） ……………52
本願寺飛雲閣 …………………………5, 83
本興寺開山堂 …………………………40
本堂 ……………………………………42, 44, 60

ま

舞良戸 …………………………………26
前ザシキ三間取り ……………………109, 112
孫ヒサシ ………………………20, 25, 42, 49, 59
升（斗） ………………………………19
マタダテ小屋 …………………………108
町家建築 ………………………………126
町家建築の間取り ……………………133
松本城天守閣 …………………………5
窓 ………………………………………41
丸瓦 ……………………………………19
萬福寺鼓楼 ……………………………71
萬福寺東方丈 …………………………56

み

御上神社楼門 …………………………4, 74
ミセ ……………………………………133

む

虫籠窓 …………………………………149
棟束 ……………………………105, 107, 110
棟持柱 …………………………9, 104, 106, 107
棟 ……………………………8, 104, 110, 143
六間取り ………………………………109

も

裳階 …………………34, 35, 37, 38, 71, 90, 96, 98
モヤ ………………………15, 20, 25, 54, 59, 100
モヤ材 …………………………………109, 127
モヤ－ヒサシ ………14, 16, 18, 21, 26, 27,
　　　　　　　　　35, 42, 45, 46, 48, 49, 52, 56, 58, 110
旧森江家住宅 …………………………107
門西家住宅 ……………………………119

や

旧矢掛本陣石井家住宅 ………………143
薬師寺東塔 ……………………………96
櫓 ………………………………………87
社 ………………………………………7

よ

吉島家住宅 ……………………………6, 145
吉田家住宅 ……………………………119
寄棟 ……………………………18, 84, 109, 125
四間取り ………………………………109

ら

来迎寺本堂 ……………………………63
礼堂 ……………………………………42, 55, 60
羅漢寺三匝堂 …………………………64
螺旋階段 ………………………………63

り

龍岩寺奥院礼堂 ………………………29
竜禅寺三仏堂 …………………………65
竜吟庵方丈 ……………………………26, 28, 56
両流造 …………………………………11

れ

連子窓 …………………………………41

ろ

楼 ………………………………………68
楼閣 ……………………………………67, 82
楼拝殿 …………………………………81
楼門 ……………………………………67, 74, 81

わ

脇陣 ……………………………………44
和小屋 ……52, 53, 56, 76, 84, 117, 129,
　　　　　　130, 135, 137, 138, 147
渡部家住宅 ……………………………123
和様 ………………………29, 31, 33, 40, 42, 45
藁座 ……………………………………41

「歴史的建造物の保全活用に係る専門家(ヘリテージマネージャー)育成・活用のためのガイドライン」

公益社団法人　日本建築士会連合会

このガイドラインは、歴史的建造物の保全活用に係る専門家(ヘリテージマネージャー)育成・活用に取り組む建築士会の行動指針として作成されたものである。

1　専門家育成・活用の基本的方向

(目的)

循環型社会における建築のあり方を見据え、地域に眠る歴史的建造物の保全・活用を推進することにより、地域固有の風景を回復しつつ誇りのもてる地域づくりに貢献することを目的として、建築士会は、ヘリテージマネージャーの育成・活用に取り組む。

(意義)

循環型社会に移行しつつある現在、スクラップアンドビルドといった従来の建築生産システムから脱却しストックの活用が求められている。

これまで蓄積されてきたストックは地域の文化を体現するものが多く、それらは地域文化の文脈の中で活用し続けることにより、地域固有の文化の継承・発展に寄与することができる。

また、ストックの活用のための改修・修理に必要な伝統工法の知恵を学びつつ技術革新を加えることで改修・修理市場を開拓・定着させ、新たな建築生産システムを構築していくことが可能となる。

(専門家の役割と必要な能力)

ヘリテージマネージャーの役割は、誇りのもてる地域づくりに貢献することにある。

そのために、ヘリテージマネージャーは、
1. 地域に眠る歴史的建造物を発掘し、再評価する能力が必要である。
2. 歴史的建造物の保全・活用提案ができる能力が必要である。
3. 地域固有の文化・風景について常に研鑽し熟知していなければならない。
4. 伝統工法の知恵に学ぶ謙虚さと確かな技術力が必要である。
5. 地域に入り、地域の人たちとともに汗を流し、歴史的建造物が地域の財産として地域ぐるみで大切にしていく環境づくりを行っていく能力が必要である。
6. 建築士が本来求められている職能と歴史的建造物の保全活用といった文化財保護的な考え方との両立ができる能力が必要である。

2　専門家育成のための講習会カリキュラムの考え方と講義内容

ヘリテージマネージャーに求められる能力の養成については、戦後の大学などにおける高等教育等では不十分であったといわざるを得ない。ここに、リカレント学習の機会としての「ヘリテージマネージャー養成講習会」の意義がある。

専門家として全国的に一定の能力を有することが望ましいことを勘案し、講習時間は先行する建築士会を基準として60時間とし、登録にあたっては、全講義受講を要件とする。

60時間のうち〇〇時間は全国共通の内容、〇〇時間は、各県建築士会の状況に応じた地方別の内容としたい。また、適宜、各県における状況をふまえ、各県独自の講義(演習を含む)の時間を増やすことが望まれる。

次に、カリキュラムの考え方を兵庫の場合を例示する。
(表1参照)

カリキュラムは、講義と演習で構成される。

講義は、基礎知識・技術編・まちづくり編の3つで構成される。

(1) ヘリテージマネージャーの基礎知識

ヘリテージマネージャーとして最低限知っておくべきことを学ぶ。
① 修復概論(保存修復・保護行政及び保存事業の歴史と修理手法の考え方)
② 法規・補助等(文化財保護法と建築基準法の概説と課題。修理に関する補助事業メニュー等について)
③ 地元都道府県の文化財について(国宝・重要文化財・指定文化財と登録文化財について)
④ ヘリテージマネージメント(ヘリテージマネージャーの果たすべき役割と必要な能力について)

(2) 建築修理の技法・工法について(技術編)。
① 伝統的建造物の技法(構造・形式・名称等について)
② 文化財建造物と耐震補強
③ 伝統的建造物の工法(材料・仕口等伝統工法の知恵について、模型を使った実習など)
④ 近現代建造物の工法(煉瓦造、石造、ＲＣ造、Ｓ造について補修事例を中心に)

(3) 環境計画(まちづくり)
① 文化財と防災(文化財の「知恵」を活かした防災計画、防災性能の確保の方法)
② 歴史的環境の整備(文化財行政と景観行政との連携を視野に入れて)
③ まちづくり活動史(まちづくり活動の発展経緯とこれからの方向性について)
④ ヘリテージマネージャーの活動事例

演習は、登録文化財・指定文化財・まちづくりという3つの分野を視野に入れて構成されている。

(1) 登録文化財について

登録文化財申請に必要な所見・図面・写真について概説し、チームを編成して現地実測調査・図面作成、

所見作成演習を行う。
（2）指定文化財について
　　　指定文化財の修理現場を視察しながら、文化財修理の基本的な考え方と修理手順などについて学ぶ。
（3）まちづくり
　　　伝建地区内の建物を実際に見て、所見・写真・スケッチで建物調書を作成する演習や、歴史的建造物を活用して活動している他分野（たとえばアート）の方々との交流を行う。
　　　また、各人が講習会期間内に登録文化財候補を発掘し、所定の報告書にまとめてレポートする。建物評価の視点を新たな価値観として共有できるようなプレゼンテーション能力の開発を目指す。（平成23年度実施の9建築士会のカリキュラム参照）

3　専門家の業務目標
（1）地域に眠る歴史文化遺産の発掘
　　　地域には、その価値に気づかれずに眠っている歴史文化遺産がある。それらを発掘し、「地域の資産台帳」として整理し、地域づくりの基礎資料とする。
（2）保存への筋道をつける手段としての登録文化財（景観形成建築物）の推進
　　　発掘された歴史的建造物を評価し、所有者に歴史的建造物の価値や魅力を的確に伝え、登録文化財制度や景観まちづくりの制度を活用して登録推進等を行い、その価値を地域で共有する契機とする。
（3）歴史的建造物所有者への助言等
　　　バリアフリー、耐震や利便性・快適性など所有者の現代的な要求に対して、当該歴史的建造物の価値や魅力を損なわないかたちでの修理・修復・改修に関する助言等を行う。
（4）歴史的建造物の保全活用提案による地域活性化
　　　地域活性を視野に入れて、歴史的建造物の保全活用を提案し、地域づくりに貢献する。
（5）災害等非常時における役割
　　　地震・台風等の災害時、被災建築物の調査、復旧のための技術的指導や助言等を行う。
（6）ネットワークの構築
　　　地域づくりには多様な能力を持つ人材が必要である。専門家の個性を活かした連携による総合力を発揮するため、専門家間のネットワークを構築する。
　　　ネットワークは、地域レベル、都道府県レベル、全国レベルといった多重のネットワークが求められる。
　　　また、建築の各業種における専門家間のネットワークを構築し連携を図ることが求められる。
（7）更なる技術力の向上
　　　伝統的な技術の継承や地域固有の文化を視野に入れた取り組みは不十分であることから、専門家は自らの得意分野における技術力の向上を図るとともに、ネットワークを活用してその成果を共有する必要がある。

（8）建築士会の活動
　　　建築士会は、上記の専門家の業務が円滑に行われるよう、各種支援活動に取り組む。

4　専門家の活動を支援する環境づくりと長期的目標
（1）行政と専門家のパートナーシップ
　　　行政が最小投資による最大効果を得る施策を立案するためには、最前線の現場の要請を知りそれを活かす必要がある。行政と専門家ネットワークとが意見交換を行うなど、パートナーシップを組むことができれば、さらに効率的な活動が展開できる。
（2）建築以外の他分野と専門家ネットワークの連携
　　　専門家ネットワークは、建築以外の一般市民、まちづくり団体、マスコミとの連携を構築する。
（3）制度改革に向けた研究・提言活動
　　　専門家ネットワークは、歴史的建造物の保全・活用推進にあたって障害となっている法制度等について研究し、改正を求める提言活動を行う。たとえば、建築基準法の適用除外規定や性能規定の活用推進や、旅館業法、消防法などの運用限界の把握など。
（4）地域における歴史的風致の維持および向上に関する法律（歴まち法）の研究と活用
　　　歴まち法は文化庁・農水省・国交省三省共管の法律であり、市町村が「歴史的風致維持向上計画」を策定し国に認定されれば、その計画に基づく施設整備等について補助を得ることができるとされている。一部市町村で計画策定に動いているが、そのための調査が膨大な量となるため計画策定に踏み切れないところも多い。専門家ネットワークは調査協力を行うとともにこの法律を研究し活用していくことで、歴史的建造物を活かした地域活性化につなげていく。
（5）修理・改修市場の開発に向けた取り組み
　　　専門家ネットワークは、発掘・活用提案、まちづくりへの参画など、当面の専門家の活動はボランティア的にならざるを得ないが、将来的には、修理・改修が市場として定着することを目指したい。（当面は、歴史的建造物の修理・改修は「専門家を擁する事業所に発注する」と明文化し、さらに設計・施工の過程で「専門家によるアドバイスを受けること」を発注仕様書に記載することなど、発注者に働きかける）
（6）自立した活動支援組織の構築
　　　専門家ネットワークは、公的資金に頼ることなく、専門家の活動を支援できる仕組みを模索する。
（7）建築士会の活動
　　　建築士会は、専門家ネットワークに関する以上の活動が、円滑に行われるよう、各種支援活動に取り組む。

あ と が き

　今から6年前、2010年の正月に、大学時代の恩師である鈴木博之先生から連絡があった。内容は、市ヶ谷出版社の澤崎明治さんが、手元にある古建築の写真コレクションを活用して、日本の伝統建築の解説書を作ろうとしているので、そこに参加して欲しいというものだった。

　最初の会合は2月だったと思う。ところが、2～3回打ち合わせを行ううちに、写真コレクションの活用という当初の目論見は次第に消え去っていった。そして、類書が多い案内本や解説本あるいは様式の変遷を追った建築史的な記述本ではなく、建築を造り上げている構法の観点から伝統建築の形状や空間を読み解くものとしたいという点で、3人の意見は一致し、ゼロから企画を練り直すことになった。

　そこで定期的に3人が集まり、私の提案した内容を基にしてブラッシュアップしていく作業を2年くらい継続して行った。ちょうどその頃、歴史的な建造物を活用していくためのスペシャリストである「ヘリテージマネージャー」という存在を強く意識するようになり、本書の内容が徐々に定まっていった。

　しかし、体調を崩された鈴木先生が2014年2月に逝去されたために、本書の企画は一度途絶えてしまった。正直なところ、著者である私も出版の中止はやむなしか、とあきらめかけていた。しかし、書きかけの草稿に目を通していただいた内田祥哉先生から、お蔵入りさせず是非出版するようにとの励ましの言葉を頂いた。さらに、吉田倬郎先生からも、貴重な助言と激励の言葉を頂いた。

　そこで、2015年の夏から一念発起して完成させたのが本書であり、最後の仕上げには澤崎さんの他に山田美智子さんにもお世話になった。

　このように、本書は完成するまで幾度となく紆余曲折を経ており、その節目節目で多くの方々の援助を受けてきた。本書で引用した知見や図面を提供していただいた文化財修理技術者も含めて、改めて御礼を申し上げたい。ありがとうございました。

　　2016年6月　　　　　　　　　　　　　　　　　　　　　　　　　　　光井　渉

光井　渉　MITSUI Wataru

1963年　広島県廿日市市生まれ
1987年　東京大学工学部建築学科卒業
1989年　東京大学大学院工学系研究科建築学専攻修士課程修了
1991年　東京大学大学院工学系研究科建築学専攻博士課程中途退学
　　　　文化庁文化財保護部　文部技官
1996年　神戸芸術工科大学・環境デザイン学科　専任講師（1999年より助教授）
1998年　博士（工学）
2000年　東京藝術大学・建築科　助教授（2007年より准教授）
2014年　東京藝術大学・建築科　教授
2016年　東京藝術大学　副学長

主な著書　『中国地方のすまい』（ＩＮＡＸ・図書出版社）
　　　　　『建物の見方・しらべ方　江戸時代の寺院と神社』（共著、ぎょうせい）
　　　　　『近世寺社境内とその建築』（中央公論美術出版）
　　　　　『都市と寺社境内　－江戸の三大寺院を中心に－』（ぎょうせい）
　　　　　『建築と都市の歴史』（共著、井上書院）

（肩書きは、初版発行時）

日本の伝統木造建築—その空間と構法—

2016年7月21日　初版発行
2024年9月20日　初版第4刷

著　者　光井　渉
発行者　澤崎　明治
企画・編修　澤崎　明治　　　DTP・トレース　丸山図芸社
編　修　山田美智子　　　　　印　刷　広済堂ネクスト
装幀・デザイン　加藤　三喜　　製　本　ブロケード

発行所　株式会社　市ヶ谷出版社
　　　　東京都千代田区五番町5　（〒102-0076）
　　　　電話　03-3265-3711　（代）
　　　　FAX　03-3265-4008
　　　　ホームページ　http://www.ichigayashuppan.co.jp
　　　　ISBN978-4-87071-295-9

ⓒ2016 mitsui Wataru　　　　　　　　　　　　　ISBN 978-4-87071-295-9

市ケ谷出版社の関連図書

伝統建築の魅力と保存への想い

内田祥哉　著
B5判変形・並製本・144頁・本体2,000円
ISBN978-4-87071-284-3
日本図書館協会選定図書

日本の伝統建築を守る

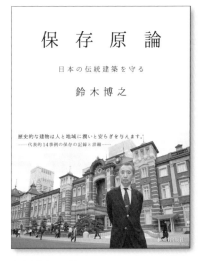

鈴木博之　著
B5判変形・並製本・136頁・本体2,200円
ISBN978-4-87071-291-1
日本図書館協会選定図書

建築はいかにして場所と接続するか

隈　研吾　著
B5判変形・並製本・148頁・本体2,200円
ISBN978-4-87071-292-8

日本建築原論

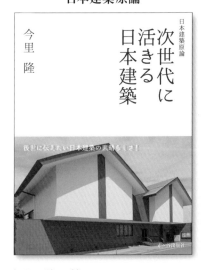

今里　隆　著
B5判変形・並製本・120頁・本体2,200円
ISBN978-4-87071-278-2